不上辅导班，孩子也能学好数学

张小青 著

中国妇女出版社

图书在版编目（CIP）数据

不上辅导班，孩子也能学好数学 / 张小青著. -- 北京 : 中国妇女出版社，2023.10
ISBN 978-7-5127-2307-8

Ⅰ.①不… Ⅱ.①张… Ⅲ.①小学数学课－教学参考资料 Ⅳ.①G624.503

中国国家版本馆CIP数据核字（2023）第165365号

责任编辑：赵 曼
封面设计：末末美书
责任印制：李志国

出版发行：中国妇女出版社
地　　址：北京市东城区史家胡同甲24号　　邮政编码：100010
电　　话：（010）65133160（发行部）　　65133161（邮购）
网　　址：www.womenbooks.cn
邮　　箱：zgfncbs@womenbooks.cn
法律顾问：北京市道可特律师事务所
经　　销：各地新华书店
印　　刷：小森印刷（北京）有限公司

开　　本：165mm×235mm　1/16
印　　张：13
字　　数：200千字
版　　次：2023年10月第1版　　2023年10月第1次印刷
定　　价：59.80元

前言

PREFACE

数学历来是家长非常重视的学科。家长都希望自己的孩子把数学学好，为此，有相当一部分家长亲自上阵，不遗余力地辅导孩子学习数学。在小学数学学习阶段，家长普遍认为知识相对简单，对于高学历的家长不在话下。家长的美好愿望可以理解，积极的行为可嘉，现实却往往事与愿违。家长为了给孩子讲数学题，大喊大叫，导致孩子哭哭啼啼。孩子不仅没学会，家长还气得不行。所以，一些家长索性把辅导孩子数学的任务交给了校外辅导班。

“双减”政策后，有些家长对数学学科的学习更加焦虑了，不知何去何从。不能再依赖报辅导班，完全放手让孩子自己学，又担心孩子学不好，自己辅导又把握不好和数学学习相关的主要因素，反而好心帮倒忙。

这本书来给家长们解除焦虑了。

家长都希望自己的孩子对数学感兴趣，充满学习数学的内驱力，能自觉学习，取得优异的数学成绩。

在现实教学中，我用书中的方法带领孩子们轻松愉快学习数学，实现了家长们的美好愿望。我希望这本书不仅告诉家长们“你们的美好愿望是可以实现的”，还告诉家长们在家庭中该如何做，才能实现愿望。

首先，家长的心态很重要。对于孩子来说，学习数学知识不是一件容易的事，有些数学知识只是貌似简单，深入理解和掌握是很难的，尤其是小学一年级的数学知识，是数学学习基础中的基础，辅导孩子学习时一定要对孩子耐心再耐心，不要对孩子发脾气。家长要站在孩子的角度理解孩子学习数学的不易，这样就没脾气了。数学学科需要理解和思考，急不得，快不得。要让孩子保持良好的学习状态，让他完全放松、愉快地学习。

其次，家长应该重视孩子数学学习习惯的养成和数学学习方法的合理应用。对于孩子的数学习惯要系统培养、分阶段完成。在听课、课堂发言、完成作业、独立思考、提出问题、解决问题等环节中养成的数学学习习惯，构成了孩子数学学习习惯系统。在小学低、中、高年级阶段习惯培养侧重点不同。

数学学习方法是孩子学好数学的核心要素。重视基本概念的理解和记忆是学好数学的关键。很多孩子学不好数学，都和不重视基本概念的学习有关。

再次，书中对孩子数学思维能力的培养进行了重点阐述。在数学知识的学习过程中，重视数学思维的挖掘，是提升孩子对数学的认识和数学能力的必要且重要的方法。孩子如果能够对基本的数学思维方法深入理解并灵活应用，学习数学就进入佳境了，以后就会大幅提升自学数学的能力。

最后，对于孩子在学习数学过程中的常见错误和家长辅导孩子数学时容易走入的误区，本书也分析了原因，并给出了相应的解决方法，以帮助孩子和家长解决一些迫在眉睫的具体问题。

这本书尽可能做到深入浅出，站在数学教学理论的高点，基于多年丰富的、成功的一线教学经验，总结和提炼出精华，奉献给广大家长们，希望并笃定这本书能对家长辅导孩子数学学习有很大的帮助。

目录

CONTENTS

05 | 小学阶段一定要掌握的数学思维

06 | 用对方法，每个孩子都有成为数学“学霸”的可能

MATH

01

家长的情绪直接影响孩子的学习表现

“暴跳如雷”和“鸡飞狗跳”式的辅导，百害而无一利

家长们都非常关心孩子的数学学习，愿意尽自己所能去帮助孩子更好地完成数学学习任务。这本是一件好事。但在激烈的社会竞争下，许多父母对孩子的未来充满焦虑、担忧和高期待。

作为一名一线数学教师，同时也是一位妈妈，我非常理解家长们的心情。但是，在实际数学学习辅导中，很多家长的积极和努力并没有取得预想的效果，甚至有些还起到了相反的作用。

在教学一线，我经常会听到家长们的抱怨，看到他们的无奈——不但没有教会孩子，自己还生了一肚子气，甚至动手打了孩子。在各种短视频平台，有很多视频都是家长自嘲辅导孩子时的各种“发飙”。比如，一开始是妈妈辅导孩子数学，怎么教孩子都不会，然后就开始暴跳如雷、大声吼叫了。爸爸便指责妈妈的态度，接下来换爸爸上阵，结果爸爸的耐心也被消磨光，然后就是拍桌子瞪眼睛、大声吼叫，孩子吓得哇哇大哭……

学个数学，整个家庭是鸡飞狗跳，不得安宁。即便如此，孩子还是没有学会。我想，视频中没有拍出来的部分，可能还有孩子挨揍、罚站等镜头吧。还有个别家长，因为辅导孩子的数学，甚至被气到生病住院。

作为一名有着多年教龄、经验丰富的数学教师，看到这样的现象，我心疼孩子和家长，也为这种社会现象而心痛。

我的观点是，“暴跳如雷”和“鸡飞狗跳”式的辅导，百害而无一利。这种说法真的不夸张。单从孩子角度说，害处就显而易见。

孩子学不会，不是孩子犯了错误，不能用极端的态度惩罚孩子，否则孩子以后在学习上遇到困难便会逃避，会有负罪感，将来也很难成功。

我班有个女生，学习非常认真，但这个孩子属于慢热型的，别人一遍能学会的，她可能需要学习两三遍才能会。有一天，她红着眼睛问我：“老师，您觉得我很笨吗？我还能学好数学吗？”我很诧异，她为什么会问我这个问题。她和我说：“妈妈看到我不会做题时，就骂我是个笨蛋，这么简单的题都不会做。我觉得我很对不起妈妈，我不是妈妈的好女儿。”你看，这个女生就是在妈妈的谩骂中开始质疑自己，从而产生了负罪感。

父母是孩子最亲近、最信任的人。孩子在学习过程中求助最亲近的人，这是很正常的，也是本能反应。可是，当孩子求助家长时，非但没有得到帮助和鼓励，反而受到了谩骂和打击，这种求助的后果，会让他产生一种心理，即有困难不能求助，求助不会有好果子吃。在数学学习中“躺平”的孩子，有相当一部分是在家里经常受到家长的打击造成的。

孩子不会做题，家长就打、骂、吼，这种学习氛围是多么紧张呀！

孩子在精神不放松的情况下，是不可能正常思考的，便会出现家长越急孩子越不会的现象，甚至有些明明会的也不会了。长此以往，孩子会对数学产生恐惧心理，因为一提起数学，他就会联想到家长的不良情绪。

对于胆小但又很好强的孩子，数学题不会做时，他的内心也是着急和焦虑的。家长讲解了还不会，孩子的自尊心和自信心会受到极大的打击，加之家长的急躁情绪和对孩子的否定，时间长了，甚至有可能造成心理疾病。

我班曾经有个小女孩，经常在上课时咳嗽和抖动。一开始，我以为孩子是感冒咳嗽，没太在意。可是，每天上课都伴有她的咳嗽声。和她的妈妈沟通后，我才知道这个孩子患了焦虑症，她不能控制咳嗽和抖动。起因是一二年级的时候，她的数学不太好，妈妈打、骂、吼造成了她的焦虑症。不论数学是否辅导得好，伤害了孩子的心理健康，真是得不偿失。

还有一种相反的现象，有些孩子胆子比较大，逆反心理很强，对于家长的强势数学辅导，会消极抵抗，甚至正面反抗，最后，不管家长怎么着急，他就是一副满不在乎的样子，和家长顶嘴是家常便饭。我班曾有这样一个小男孩，数学学得一塌糊涂。他妈妈亲口和我说："老师，我管不了他，我骂他，他骂我，我打他，他打我。"一个小学生，不到10岁的孩子，亲子关系就这样紧张，很难想象孩子以后的路该怎么走。

有的家长辅导效果不好，并不能单纯责怪孩子不认真学习，因为家长的教法往往不适合孩子的认知特点，甚至会干扰孩子原有的知识结构。有个现象家长肯定不陌生，你给孩子讲题，孩子会说："你和我们老师讲的不一样，我听不懂。"孩子说的是真话，有时家长的讲法，会让孩子的思维处于混乱状态，非常不利于孩子的学习。

还在用“暴跳如雷”“鸡飞狗跳”的方式辅导孩子的家长，看到了这些危害，相信你会静下心来反思，慢慢学会控制自己的情绪，学会把你的耐心给到你最亲爱的小宝贝。有了耐心，才会有优质的辅导和陪伴。

学不好数学不是孩子脑子不好

“老师，我们家孩子数学成绩不好，是不是他脑子比较笨，不是学数学的料呀？”日常教学中，和家长就孩子学数学问题进行沟通时，经常听到家长这样说。尤其是一些数学成绩一般或者数学成绩比较差的孩子的家长，更是这样定义自己的孩子。

我可以肯定地说，只要孩子的智力在正常范围，都能学好数学，不存在“脑子笨，学不好数学”一说。孩子暂时学不好数学或者成绩不理想，这些问题都能得到解决。

孩子学不好数学的原因很多，但家长千万不要归因为孩子脑子不好，所以不适合学数学。这样归因百害而无一利。

首先，这种说法会打击孩子学数学的自信。这种说法会给孩子一种心理暗示：我的脑子很笨。这种心理暗示不仅直接会影响孩子的数学学习，还会间接影响孩子其他学科的学习，甚至是学习生活的方方面面。因为，无论做什么事情，都需要用到脑子，孩子是知道的。这种暗示简直太可怕了。

其次，这种说法会影响孩子的性格。有这种心理暗示的孩子是不自信的，他们不愿与人交往，胆怯、内向，严重的甚至会抑郁。

我在教学实践中发现，家长和孩子都比较重视数学学习。大多数人认为，数学能否学好，和智力有很大关系。这种想法有一定道理，但是，数学能否学好，受多方面因素影响，不完全取决于智力。数学学不好的，不一定智力水平不高。现实中，许多数学学不好的孩子，智力水平并不低。

那么，当发现孩子学不好数学时，要从哪些方面去找原因呢？

第一，如果孩子从小学低年级数学就学不好，先要回顾学前准备是否足够。虽然不提倡学前学习小学内容，但并不意味着学前就不需要做准备了。对数字的熟悉、对数的初步感知、蕴含数学思维的游戏、几何图形在生活中的感知、有趣的数学故事等，都是学前很好的数学准备。所以，学前准备不充分的孩子和准备充分的孩子一起学习，暂时落后是必然的。

第二，如果孩子是从小学三年级开始数学成绩下滑，说明一二年级的学习有问题，只是被掩盖没有发现而已。小学一二年级的知识相对简单和单一，很多孩子在学前都或多或少有所接触，家长们自己教也不困难，所以孩子们的成绩相对较好。成绩不好一定是没学好，但如果成绩好，不一定证明学得好。要看获得知识的途径和对知识的理解。这些往往都是家长忽视的问题。所以，不是孩子脑子不好，而是忽略了孩子学习知识的过程和途径。

第三，如果是小学四五年级数学成绩逐步下滑，大概率是孩子的学习方法和思维模式存在问题。因为从小学四年级开始，知识容量和难度慢慢加大了，家长辅导孩子也有一定困难了，不重视数学知识之间的联系与区别，不能构建良好知识结构，过度依赖家长的孩子，都会从小学四年级开始学习数学越来越困难，成绩开始下滑。所以说，不是孩子脑子不好，是学习方法、思维模式和学习方式等存在问题。

第四，数学学习习惯有问题。例如，做计算题时不重视算理的理解，只重视计算方法和结果。应用题不重视联系生活、就题论题，不在生活中寻找数学的踪迹，不注重生活和数学的联系等。所以，不是孩子脑子不好，是学习习惯不好。

综上所述，孩子数学学不好，不是孩子脑子有问题，其原因有很多，包括学习准备不足、学习方法有问题、学习习惯不好、学习没有兴趣、学习动力不足等。只有找到原因，并有针对性地解决，孩子才能克服学习数学的困难和“瓶颈”。

每个孩子都能学好数学

不论孩子目前的数学成绩是否理想，请相信每个孩子都能学好数学，尤其是国家教学大纲之内的数学学习内容，孩子们都能学好。

凭借我多年的数学“学困生”转变研究成果，我可以负责任地说，所谓的“学困生”，都是阶段性的，只要我们足够关注、合理引导，孩子们都会走出暂时的困境，从而爱上数学并取得优异的数学成绩。

我们只要知道孩子在学习数学的过程中都会遇到哪些困难，并分析原因，然后有针对性地解决问题，就能帮助孩子学好数学。

孩子学不好数学大致有哪些原因呢？

首先，自信心问题。这是所有“学困生”的共性问题。当孩子学习数学过程中遇到困难暂时学不好时，家长千万不要对孩子进行言语打击，甚至是体罚，那样只能使问题更严重。其实，孩子的内心比谁都着急、难过，而不管他是否表现出来。孩子也有自尊心，无论成绩多差的孩子都有上进心。我们作为大人，该做的只有包容、鼓励和帮助。这是必需的，这也是孩子进步的前提和基础。

其次，专注力、学习态度、学习习惯、学习方法等常见问题。不得不承认，孩子之间的专注力水平并不一样，原因之一是每个孩子的生长发育过程存在差异。如果孩子的生长发育有所滞后，家长要有耐心，学会等待和慢慢推动孩子成长。在教学实践中这种情况很多。学习态度受价值观、学习兴趣、学习结果带来的成就感等多方面影响。多年的实践研究发现，树立正确的价值观和提高成就感是端正学习态度、提升学习内驱力最有效的方法。

养成良好的学习习惯最重要的时期是小学一、二年级，此后需要不断完善。改掉坏习惯，养成好习惯，需要家长的耐心和恒心，要做到不气馁，坚持坚持再坚持，相信一定会胜利。如何找到科学合理的学习方法？建议家长多和数学老师沟通，尽量和老师保持一致。

再次，兴趣问题，或者说由于兴趣引起的专注力问题。这种情况太常见了。这是假性专注力问题，实质是兴趣问题。孩子对学数学不感兴趣，不能完全投入，表现出来的就是不专心听讲、不专注做题、上课开小差、做作业磨蹭等。提升学习数学的兴趣，家长可以多鼓励、多表扬，让孩子拥有愉快的学习数学的体验感。还可以让学习数学过程很有趣，让孩子体验到数学带来的趣味，甚至体验到学习成果带来的成就感。我经过实践研究发现，无一例外，当孩子进步时，感到最喜悦的是孩子自己，这是孩子辛苦努力的结果和收获。孩子有了一次进步，就会对下一次充满期待；当他一次次持续进步时，他就彻底转变了。

又次，由部分知识没学好而引发的全部溃败或全面否定问题。数学知识之间是紧密联系的，是一个整体。孩子某一个知识点或者某种方法没掌握，会引发和这个知识点相关的全部知识一知半解。例如，整数的四则运算的算理和算法没学好，那么和整数四则运算相关的小数和分数四则运算及简算，甚至初中的有理数运算都会受到严重影响。所以，家长要及时关注孩子的数学学习情况，及时发现问题，及时解决问题，千万不要把小问题拖成大问题。

受各种主客观因素影响，同一个孩子学习不同的数学知识，学习效果有时会有很大差距。例如：空间感好的孩子，学习几何知识就相对容易并且效果好；而空间感较差的孩子，学习几何知识困难就比较大。即便这样，也不要全面否定孩子的数学学习，要看到孩子除了数学其他知识都学得很好。哪类知识学起来有困难，就对这类知识的学习做好提前预热和事后补救，相信只要有足够的心理准备、充分的关注、及时有效的帮助和引导，就能帮助孩子渡过难关。

最后，由家长帮倒忙引起的数学学习问题。小学的数学知识相对简单，尤其是小学低中年级的数学知识，对于目前有高等学历的家长们来说，其难度不在话下，所以，家长纷纷上阵给孩子讲解数学题，当然有讲得好的，孩子很受益的，也有相当一部分家长给孩子帮了倒忙。经常听家长说："孩子不听我讲的，说我和老师讲得不一样。"我们本就不提倡家长给孩子讲题，如果出现了上述孩子抱怨的情况，家长请及时"止损"，想给孩子讲题的话，建议向数学老师请教后再讲。

孩子学习数学的过程中，出现了上述说到的或没说到的任何问题，都是可以解决的，一定要相信孩子能学好数学，充分调动和开发孩子学习数学的潜能。

家长的数学成绩好，孩子的数学成绩未必一定好

很多家长会拿自己上学时的数学学习情况和自己孩子的数学学习情况进行比对，不排除有的孩子的数学学习情况和爸爸（妈妈）的情况基本相同，或大致相同。但这种情况不是很多，甚至大相径庭的情况也比较多见。

如果家长上学期间数学不是很好，而孩子的数学很好，或者至少比自己上学时好，这种情况家长都是可以接受的。但当孩子的数学学习成绩不如家长当年的学习成绩时，很多家长便会表示不理解和不能接受，甚至出现爸爸和妈妈相互埋怨、推卸责任的情况。

家长的数学成绩好，孩子的数学成绩未必就很好，这是一种很正常的情况。那么，为什么会出现这种情况呢？

内驱力不同

家长和孩子成长的年代不同，生活水平、成长环境有很大差异。家长成长的年代物资方面比较匮乏，尤其是在艰苦地区成长起来的家长，学习的内驱力主要是想提高生活水平，改变命运。经过一代人的奋斗，现在的家长大多数都能给孩子创造优渥的生活环境，孩子的学习内驱力肯定不是改变命运了。如果家长不能从其他方面调动孩子的学习动力，那么孩子的学习情况和当年学习好的家长比起来肯定是差一些的。

学习内容和要求不同

随着国家教育改革的不断深入，小学数学的学习内容和要求发生了很大的变化。相比家长们的学习年代，现在小学数学的学习内容更灵活，更联系生活，更注重孩子的数学思维，以及探索精神、创新能力的培养，关于大数目的运算等内容有所删减，而联系实际生活、与时俱进等方面的内容有所增加。可以说，现在的孩子能把数学学习内容完全吃透不是一件容易的事，至少学习内容的灵活性和实用性都比家长的学习年代更强。

学习方式不同

新课改下的课堂教学，更注重孩子自主学习能力的培养，小组探讨、讨论等学习方式是数学课堂的常态。在这种学习模式下，如果孩子在小组学习过程中不能积极参与，学习效果就会大打折扣。

学习方法不同

新课标更注重孩子对知识的深入理解和灵活应用。过去死记硬背、机械训练、题海战术等学习方法，已经不适应新时代的要求，只会阻碍孩子的学习。据我了解，很多家长给孩子讲题时会让孩子记忆题型、技巧，盲目多做多练，甚至用中学的数学解题方法给孩子讲小学的题目，这些方法和做法，反而会影响孩子的学习，是不可取的。

师生情感的影响

孩子的学习很容易受师生关系和情感的影响。比如，家长上学时遇到的数学老师可能是自己喜欢的，而孩子上学时遇到的数学老师可能不是他喜欢的，这也会直接影响数学学习的兴趣和效果。良好的师生关系对学生尤其是小学生非常重要。

家长教育方式不同

在严厉教育模式下成长起来的家长，当自己有了孩子，很容易溺爱孩子，因为他不想让自己的孩子再受自己当年所受的苦。溺爱孩子其实是在补偿自己内心的遗憾。这样的家长不在少数，我所教的一些学生的家长都和我谈到过这个问题。可以说，有些家长数学学得好，当年是被“逼”出来的；而到了自己的孩子这里，没有了这种“逼”，取而代之的是溺爱，孩子学习不好也是必然的。

所以说，家长数学学得好与坏，和孩子数学成绩的好与坏并没有必然关系。家长既不能因为自己数学学得好，就对孩子的数学学习过于自信、放任不管，等着船到桥头自然直；更不能因为自己数学学得不好，就对孩子的数学学习没有信心，对孩子的数学进行负面暗示，甚至让孩子觉得自己数学学不好的责任在家长，和他自己一点关系都没有。

我们要客观地看待孩子的数学学习，用科学的方法和与时俱进的做法陪伴孩子学习数学。家长自己小时候的数学学习情况可以稍加借鉴，但不能作为判断孩子目前和未来数学学习的依据。

MATH

02

你只是看上去在辅导孩子的学习

学不好就让孩子多做练习

学不好就多做练习，这是很多家长常用的方法。家长们会发现，多练以后，效果并不明显，甚至孩子的学习成绩还继续下滑。家长们经常感到困惑：“我们家孩子没少做题，可是不会做的题还是不会做，原来错的题还是会错，甚至原来不会错的题也做错了。这是怎么回事呢？”

学不好就多练，效果适得其反的原因

首先，盲目性地多练。这是很多家长都会犯的一个错误。家长只是给孩子多买练习册和试卷，孩子除了完成学校的作业，还要完成家长的家庭作业。盲目增加作业和练习的数量，并没有解决问题，还增加了孩子的负担，又没有效果，孩子肯定不愿意接受。

其次，多练造成错题印象更深刻。试想，家长不假思索地扔给孩子一篇试卷或一篇练习就万事大吉，孩子的错误并没有得到纠正，虽然反复做，但实质上，错的照样错，并且错误还一遍遍重复，印象越来越深刻，会更加难以改正。

再次，过度多练引起孩子反感，应付差事。贪玩是孩子的天性。做完了学校的作业还要做家庭作业，无形中挤压了孩子玩耍和休息的时间。为了有玩的时间，孩子对家庭作业只好应付差事，不管质量只管速度。时间长了，还会养成一些坏习惯，如不看题、不认真计算、不愿思考、书写潦草等。在这种情况下，原来错的题还会错，原来不错的题也会在忙乱中出现错误。

最后，家长不科学地追求速度和数量。举两个实例。我有一个学生，做题速度很快，但是错题遍地开花，尤其是计算题错得一塌糊涂。孩子为什么做这么快？孩子也说不清楚，只说习惯了。后来经过了解，原来是他妈妈每天给他留很多家庭作业，还怕他写不完，便坐在他身边监督，总是催他快点写。所以说，孩子的很多坏习惯是家长不恰当的干预造成的。我还有一个学生，因为口算错题多，他妈妈每天让他做三百道口算题。这样大量的练习，给孩子造成了很大的身心负担，不仅口算正确率没有得到提高，还影响了笔算的正确性。由于孩子口算练得太多了，导致忘了笔算的算法和写法。所以，大量的重复性的加练，真的是适得其反。

多练要有针对性

那么，也许有家长会问：“难道不能多练吗？”多练是可以的，但要有针对性、要适度。建议家长要充分了解孩子的数学学习情况：

首先，找出问题的点在哪里，并分析错误原因。其次，一个点一个点地帮助孩子纠正错误，让孩子建立正确的数学概念和方法。最后，有针对性地进行练习，以加深正确印象，巩固正确方法。注意，千万不要想着一口吃成个胖子。要一个点一个点地来，循序渐进，以便孩子能接受。

加强练习时要注意四点

（1）题量不能过大，时间不能过长。一般以 3 ～ 5 道题为宜，时间在 10 ～ 20 分钟，以不给孩子增加过重负担、引起孩子厌学情绪为原则。

（2）不要突击性加练。要么不练，要么练一堆。这样做效果肯定不好或者没有效果。要坚持少量多次的原则，即每天练一点点，以便孩子有消化和吸收的时间。

（3）练习题型不能太单一，要多种多样。不要只练习错题这一种题型，还要捎带上做对的题型。以免反复练习一种题型而冲击其他题型的记忆，造成错的题不错了，原来会做的题目反而不会做了的尴尬局面。

（4）加练过程中，要多鼓励，包容错题有反复，给孩子一个进步的过程。千万不要打击孩子的积极性，要多鼓励，给孩子成就感。

不可否认，不会就多练是一种解决数学问题的方法。但要注意如何练、练多少、练什么的问题。把这些问题解决好，不用多练就能实现家长们预期的效果。

课内学不好，让孩子去学奥数

课内学不好，报个奥数班能拯救课内的数学成绩吗？这是很多家长经常提的问题。有些家长尝试让孩子通过学奥数来改变课内数学学不好的问题。当家长把孩子送到奥数班一段时间后，却发现并没有收到预期的效果，于是产生了困惑和疑惑：为什么学奥数没有提高数学学习成绩呢？

奥数和课内数学是什么关系

课内数学主要学习的是数学的基础知识和基本方法，奠定的是数学基础，培养的是孩子的数学素养。而奥数的课程是在此基础上增加了难度和深度的训练，更适合那些在课内学习有余力的孩子。

课内学不好的孩子，为什么学了奥数以后并没有解决课内学习的问题呢？

其一，如果孩子课内学习不好，说明数学的基础知识没有掌握，在这种情况下学习奥数，效果肯定不好。这个道理非常简单，就像孩子还没学会走路，就让孩子跑，这样是违背学习规律的。学习规律应该是由浅入深、由简到难的。

其二，课内学不好，盲目地让孩子学习奥数，会让孩子更加畏惧学习数学。孩子会觉得数学好难，从而对学习数学越来越没有兴趣和信心。不仅没有解决孩子的课内数学问题，还加剧了孩子学习数学的挫败感，导致谈数学色变。

其三，课内数学没有学好就学习奥数，可能还会使课内数学更加学不好。曾经不止一个家长和我吐槽，孩子学了奥数以后，数学成绩更差了。除了上面说到的打击自信心以外，还有其他问题出现。比如，由于题目难度过高，孩子根本没有答题思路，只好等着老师给出答案，长此以往，养成了不爱思考的习惯。另外，由于奥数难度高，老师的讲解有可能理解起来比较困难，意志力不强的孩子就会上课开小差，养成不听讲的坏习惯。同时，这一习惯会带到课内数学的学习中，结果使课内的数学更不好了。

怎么解决课内学不好的问题

建议家长还是先解决课内数学学习的问题，再考虑孩子是否学习奥数。没必要舍近求远，祈望通过学奥数解决课内数学的问题。

孩子课内数学学不好，大多是学习动力、学习习惯、学习方法、学习基础等方面的问题。家长要认真分析孩子在哪些方面出现了问题，然后有针对性地解决问题就可以了。具体的原因和做法我在前面讲过，在后面也会谈到，在这里就不展开说了。

那么，孩子该不该学奥数？怎样才能学好奥数呢？

首先，要选择，选择大于努力。奥数涉及的知识点很多，选择学习什么内容很关键。建议选择和课内学习内容关系比较紧密的内容。这样可以既巩固课内知识，又拓展知识面，一举两得，还有利于思维能力的发展。

其次，要注重学习方法。要遵循学习规律，以启发引导为主，深度挖掘题目背后的数学解题方法，提升孩子的数学思维能力。

解题方法要以小学学过的方法为主，如果借助初中知识和方法帮助解题，就要把基础知识和基本方法给孩子讲透练熟，千万别让孩子学个夹生饭，影响孩子后续的数学学习。

奥数是一个知识系统，按知识系统循序渐进学习效果最佳。课内学习和奥数学习并不矛盾，选对学习时机、学习内容、学习方法，课内课外会相互补充、相互促进。切记，要先学好课内数学，解决好课内学习的问题，再学习奥数。

我点拨一下孩子就会了

在我的教学生涯中，经常听到家长们抱怨自己的孩子不愿意动脑筋思考，遇到灵活的问题或者较难的问题就回避，等待家长帮助解决。家长们在抱怨的同时，还常常问到这样的问题："我感觉我家孩子挺聪明的，我点一下他就会了。可是，我不点他一下，他就不会。您说这是为什么呢？我该怎么做，才能帮助孩子学会独立思考呢？"

当孩子不会做题的时候，家长可不可以点拨孩子呢？

当孩子不会做题的时候，尤其是遇到灵活性强的题和难题的时候，家长是可以点拨一下的，但前提是家长要会点拨。这里强调的是家长要会点拨而不是会做题。小学的数学题，家长基本都可以做出来，但是会做题和会点拨是两个概念。如果是只会做题而不会点拨的家长，建议还是让孩子去问老师比较好。请家长切记，我们点拨是为了以后不点拨，帮助孩子能独立解决问题。

以下几种点拨就是不会点拨，结果适得其反，给孩子带来一些负面的影响。

第一种，全程讲解。孩子一问，家长就按照自己的解题思路给孩子讲一遍，孩子在没有独立思考的情况下，被动接受家长的思路。

这种全程讲解，给孩子带来的负面影响是很大的。其一，该孩子动脑思考的事情，变成了家长动脑思考，孩子只是被动接受，很容易让孩子养成不动脑思考的习惯。其二，孩子只要一说我不会，解题任务就转嫁给家长了，很容易让孩子养成对自己的事情不负责任、推卸给家长的习惯。其三，大多数情况下，家长的解题思路和方法都是孩子不好理解和掌握的，家长讲得明明白白，孩子却听得糊里糊涂，家长越讲孩子越不明白，让孩子对数学感到更加畏惧，从而对家长讲题产生抵触情绪，甚至影响亲子关系。

第二种，对题目的关键点和孩子的困惑点直接给出答案。很多题目，孩子不是没有思路，而是困惑在了一个或几个关键点上了，面对这种情况，孩子会求助家长。很多家长一看，孩子不就是这个点不会嘛，就直接告诉他了。殊不知，家长的这种做法，让孩子失去了深入思考、提高思维能力的机会。家长直接告诉和孩子经过引导、启发自己领悟出来的效果是大相径庭的，很容易出现前面家长抱怨的一点就会、不点就不会的现象。最后导致孩子的学习水平和成绩很难提高，陷入上升“瓶颈”。

第三种，家长点拨错误。由于家长的学习年代和孩子的学习年代距离比较遥远，有些知识家长会有些遗忘和记忆偏差。另外，数学教学内容和要求在不断变化，家长在不了解这些变化的情况下对孩子的数学学习进行盲目点拨，会给孩子的学习带来很多困扰，容易造成孩子概念不清和概念混淆。经常听到孩子们抱怨，家长和老师讲得不一样，讲错了。例如，四年级四舍五入取近似数这个内容，我发现我班有个小女孩题目全做错了，我问她时，她说是妈妈告诉她这样做的。后来经核实，因为那节课她没有听讲，回家不会做作业，她妈妈就教她做，结果都教错了。

家长应该怎样点拨，才能帮助孩子学会独立思考呢？

家长绝不能包办代替，不论是全程包办还是在关键点包办代替的做法都是不可取的，都会对孩子造成负面影响。

以下是家长应该采取的正确做法：

足够了解。一是了解孩子的数学学习内容和要求。二是了解孩子的学习现状。孩子对哪些内容学起来容易，对哪些内容会产生困惑。三是了解孩子的学习基础，也就是孩子原来的知识与新知识相关的部分。四是了解孩子的学习习惯，哪些学习困难是由学习习惯引起的。五是了解孩子的学习方法，哪些问题是因为没有好的学习方法造成的。

在充分了解之后分析出现问题的原因。哪方面的问题要从哪方面入手解决，如孩子不会做应用题，如果是因为不好好读题引起的，就要引导和要求孩子好好读题。

启发式提问点拨。对于孩子知识理解方面的问题，一定要找到孩子的

“知识生长点”，以此为起点，设计一系列的启发式问题，引领孩子慢慢理解和掌握知识。这个过程给了孩子一个思考路径和方法，孩子慢慢就学会了思考甚至自己能找到更好的思考路径和方法，也就学会了独立思考。

家长要启发和引导孩子能自己想的就自己想，能自己做的就自己做，在孩子独立思考的基础上，再对孩子进行有意义的点拨和探讨，从而引导孩子养成独立思考的习惯。

只要结果对了就 OK 了

在批改作业时，我经常发现孩子的解题结果是对的，解题过程却出现了许多错误或者不规范的地方。经过详细了解情况，原来很多作业都是家长们检查过，甚至是指导过的。出现这种现象的原因，主要是家长对解答过程不够重视，觉得只要结果对了就 OK 了。

只重视结果不重视过程主要存在于应用题、四则运算、简算相关解答过程中。

应用题中存在的几种现象

解答过程出现错误，但结果正确

对于多步骤解答的应用题，一般情况下，上一步的结果是下一步的条件。在解答过程中，有的孩子的解答过程写成此类算式：

12÷3=4×5=20+3=23，这样的算式有时候还是家长指导写的。虽然最终的结果是对的，但这样的表达式是错误的，因为算式之间是不能用等号连接的。只有每个算式的结果都相等时，才能写成连等式。这样的错误过程，给孩子留下了错误的连等式的概念，对以后孩子做连等式的题目埋下了隐患。

题目的解答过程，是用数学语言表达自己思维的过程。我们要保证语言的准确性，不要出现病句。

解答过程不完整

应用题的解答过程，要从题目中的已知条件开始。多步骤解答的应用题，第一个算式所用的数目都应来自题目中的已知条件。而有些孩子的第一个算式中的数目在题目中的已知条件并不存在，是孩子自己想出来或算出来的，但又没写出相应的算式。这样不完整的解答过程，容易让孩子对已知和未知的边界模糊不清，会影响到孩子以后的说理题目和证明题目的解答。

解答题目的过程是用数学语言表达解决问题的过程，一定是从已知到未知，要注意语言的完整性。

解答过程中缺少应有的单位

应用题是解决生活中问题的题目。因为是生活中的事情，所以写单位名称是必不可少的。有些孩子的整个解答过程一个单位都没有，还有的只是在最后一步写单位，前面的步骤都没有单位。这样缺少单位的解答，容易造成思路不清晰，会影响以后解答更复杂的题目。

题目的解答过程是用数学语言表达自己的解题思路的过程，表达一定要清晰细致。切记，不要丢掉每一步的单位。

四则运算和简算中存在的几种现象

四则脱式计算丢掉该写的数

四则脱式计算的过程要求按照运算顺序，暂时不计算的部分要照抄下来，以保证等式成立。然而，有些孩子却经常不写某些数。

【例】 $360+7\times4-9$

$=360+28$（没有抄 -9）

$=388-9$

$=379$

像这样，虽然结果是对的，但是计算过程中由于少写了符号和数，会造成某些步骤之间并不相等的错误，使孩子一旦养成对算式的意义和步骤在不完全理解的情况下盲目计算的坏习惯，会对以后学习更复杂的运算和简算造成不利影响。

简算中简单模仿造成的错误

对于小学生来说，简算是比较难的，只有在完全理解算式意义的基础上，才能很好地进行简算。但很多学生学习简算只是模仿式学习，从而造成计算过程出现错误。

【例】 利用乘法分配律简算 123×99+123=

常见的计算错误如下：

=123×（99+123）

=123×222

=27306

这道题中，孩子没理解括号里和括号外的 123 的表示方法是不一样的。如果孩子对算式不理解，只是简单根据公式进行模仿计算，不仅容易出现上面的过程错误，还会严重影响比较灵活的简算题的解答和以后初中有理数四则运算的学习。

家长在辅导孩子时，切记不能只重视解答结果，而不重视解答过程。结果重要，过程更重要。孩子思维能力的提高及数学语言的训练都是在学习过程中完成的。

讲题能听懂，可是同类型的题还是不会做

讲题时孩子说懂了，可是同类型的题还是不会做，这是家长在辅导孩子时的一个共同烦恼。家长也很迷茫：这是为什么呢？该不该给孩子讲题呢？该怎样讲才能取得理想的效果呢？

这个话题前文提到了一些，这里再给家长细致分析一下原因，并提出一些切实可行的解决方法。

家长该不该给孩子讲题呢？对于孩子经过独立思考还是一筹莫展，又没有更好的途径得到帮助的题目，家长如果有足够把握能讲好，则可以伸出援手，给孩子讲一讲，以解答孩子的疑惑。

建议家长少给孩子讲题。在教学实践中，大多数情况下，家长讲题的效果并不好，甚至很差。尤其到了小学高年级，家长会越来越感到力不从心。在这个阶段，孩子可能产生厌学情绪、依赖心理，导致学习成绩停滞不前或下滑，亲子矛盾比比皆是。

孩子不能举一反三的原因

首先，孩子可能是不懂装懂。在家长给孩子讲题时孩子不懂装懂，是常见现象。在给孩子讲题时，大多数家长都带有负面情绪，不论嘴上说不说，心里总认为，这么简单的题都不会，我累了一天还要辅导你，不满和抱怨由之而来，这种情绪会通过家长的面部表情和讲题时的语气传递给孩子。孩子在这种紧张的氛围下，大脑的反应速度和学习效率会大幅度降低，所以听不懂是很正常的现象。如果家长在讲题时对孩子一顿咆哮，孩子就更害怕了，更加听不懂了。孩子说听懂了，是害怕家长的批评和发脾气。所谓的听懂了，只是记忆了家长说的解题过程和结果，过后肯定会忘掉的。

其次，家长以为自己讲明白了，实则没给孩子讲懂。家长讲题，一般都是以自己的认知为基础，就题论题。认为只要能把结果做出来做对了，给孩子讲一遍题，孩子就能明白了，也应该懂了。

殊不知，给孩子讲题，要以孩子的认知为基础，要达到孩子能举一反三的水平，不是一件容易的事情。家长讲题过程中，往往不重视知识的前后衔接问题，同时用的解题方法也是孩子不熟悉的。尤其是解一些难题或复杂题时，家长用的基本都是方程解题法，而对于小学生而言，方程方法虽然在小学四、五年级有接触，但都是比较基本和简单的类型。家长用方程法给孩子解题，列方程、解方程等给孩子的解题增加了难度。往往孩子说懂了都是一知半解，根本谈不上举一反三，遇到同类型的题还是不会做也是很正常的事情。

小学数学思维训练

1 巧算（2+4+6+8+……+2000）－（1+3+5+7+……+1999）。

2 由3、4、5、6、7五个数字，组成一个三位数和一个两个数，积最大是多少？最小是多少？

3 妈妈给小红买了一台学习机，学习机的价钱比妈妈这个月工资的$\frac{1}{4}$多80元，这时妈妈剩下的工资比学习机的价格多1800元，妈妈这个月的工资是多少元？

4 巧算$\frac{17}{59} \times \frac{12}{63} + \frac{17}{63} \times \frac{51}{59}$

5 一个班有48人，班主任在班上问："谁做完语文作业了？请举手！"有37人举手。又问："谁做完数学作业了？请举手！"有42人举手。最后问："谁语文、数学作业都没有做完？请举手！"没有人举手。这个班语文、数学作业都写完的有多少人？

6 在桥上测量桥高，把绳子对折后垂到水面时还余8米，把绳子3折后垂到水面时，还余2米，绳子有多长？

7 某小学五年级有三个班共135人，二班比一班多5人，三班比二班少7人，3个班各多少人？

8 一条马路长40米，在路的两旁每隔8米种一棵树，两边都种，共种多少棵树？

9 在下面每个格子中任意填上数字 1 或 2，至少有几列的数字是一样的？

10 幼儿园老师将若干颗樱桃分给小朋友们。若每人分 10 颗，则缺 24 颗樱桃，若每人分 8 颗，则缺 2 颗樱桃。有多少位小朋友？有多少颗樱桃？

11 巧求图形周长

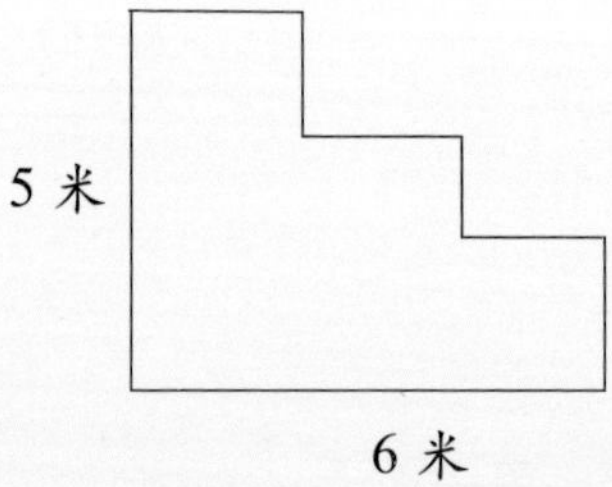

12 数一数，图中包含的长方形（含正方形）的个数。

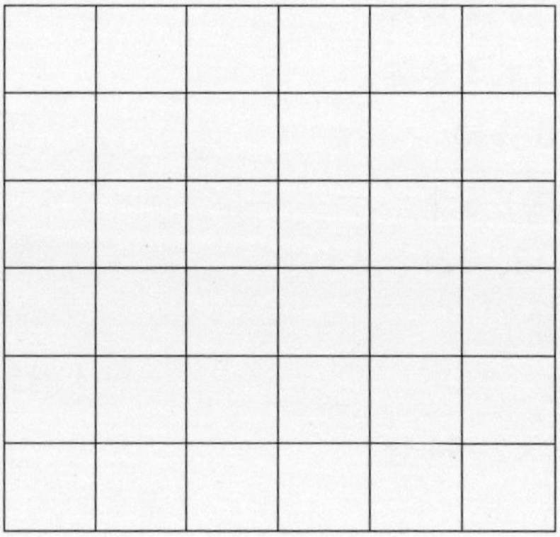

13 图中有多少个三角形？

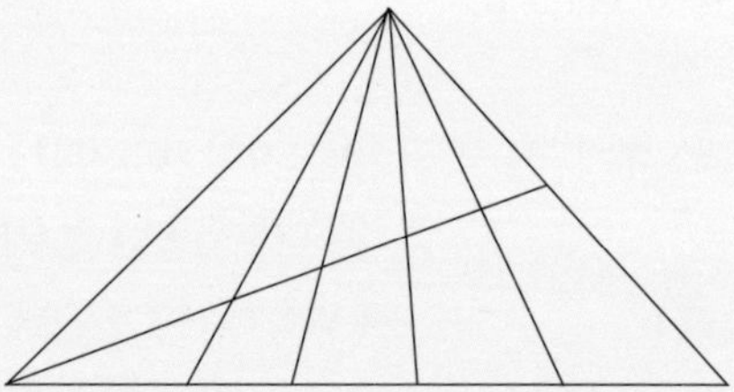

14 甲、乙、丙三人共有 660 元，如果甲给乙 30 元，乙给丙 46 元，丙给甲 58 元，那么三人的钱数正好相等。求：甲、乙、丙三人原来各有多少元？

15 把二进制数（10111）$_2$ 化为十进制数。

16 把十进制数（38）$_{10}$ 化成二进制数。

17 甲、乙、丙三人分别拿着 2 个、3 个、1 个热水瓶，同时到开水供应站打开水。开水的水龙头只有 1 个，打满 1 瓶水需 1 分钟。要使他们打完水所花的时间（包括等候时间）最少，应该怎样安排他们打水的次序？

18 用 1、2、3 这三个数字，可以组成多少个不同的三位数？（每个三位数中，1、2、3 只能各出现一次）

19 明明的语文、数学平均分是 88 分，加上英语成绩后，平均分提高了 2 分，明明的英语成绩是多少分？

20 计算：$(1+0.12+0.23)\times(0.12+0.23+0.34)-(1+0.12+0.23+0.34)\times(0.12+0.23)$。

21 计算：$999.9\times0.28-0.6666\times370$。

22 有一项工作，甲乙两人合作要 5 天完成，乙丙两人合作要 10 天完成，甲丙两人合作要 15 天完成。那么，甲、乙、丙三人合作，需要几天完成？

23 设 A、B 两个数，规定：$A\triangle B=3\times A-(A+B)\div2$，求 $7\triangle(2\triangle4)$。

24 有甲、乙、丙、丁四个书商，他们一共卖了 60 本书。甲卖的册数是其余三人的$\frac{1}{2}$，乙卖的册数是其余三人的$\frac{1}{3}$，丙卖的册数是其余三人的$\frac{1}{4}$。求丁卖了多少册？

25 甲、乙、丙三人去公园玩，他们要在公园的湖边拍照，如果不考虑每个人所站的位置，一共有多少种不同的拍照方法？

26 从甲城到乙城，有 2 条直达铁路。从乙城到丙城，有 3 条直达公路。从甲城经过乙城到丙城，一共有多少种不同的走法？

27 有片牧场长满青草，牛在吃草的同时，草又不断生长。27 头牛 6 天可以把牧场上的草全部吃光，23 头牛吃光牧场上的草则需要 9 天。如果 21 头牛来吃，多少天可以吃完？

28 有一条 120 千米的长河，一条船行驶其中，已知走完全程，逆行需要 10 小时，顺行需要 6 小时。求这条船的划速和长河的水速是多少？

29 A、B、C、D、E、F 六位小朋友站成一排，如果 A、B 两名小朋友必须相邻，一共有多少种不同的站法？

30 把长为 2 厘米、宽为 1 厘米的长方形纸板按照一层、二层、三层……这样叠放起来，如下图。如果叠放了 5 层，周长是多少厘米？

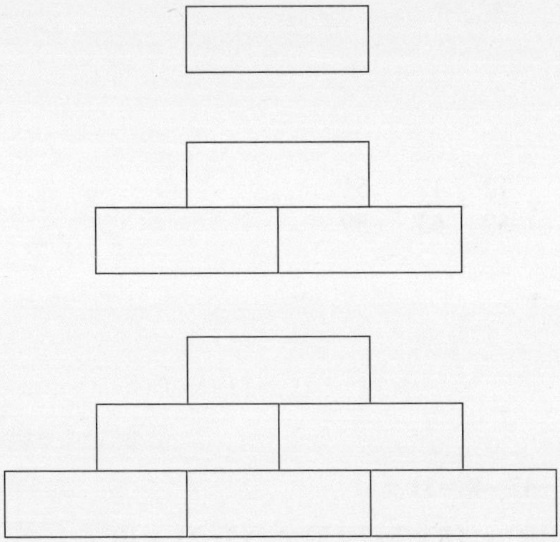

家长怎样给孩子讲题才能取得举一反三的效果

（1）要好好备课。家长在给孩子讲题之前，要先做好知识的储备，挖掘题目中隐藏的知识点和训练点。还要做好充分了解孩子的准备。了解孩子对这些知识点的掌握情况，设想一下在给孩子讲题的过程中，孩子的难点和易错点是什么。最后设计一些启发式的问题，用问题引领孩子理解和掌握解题思路。

（2）要引导孩子深入理解题意并提出问题。家长在讲题之前，要先让孩子用自己的语言解释题意，并提出困惑的地方。要在孩子充分理解题意和独立思考的前提下，给孩子讲解解题思路。

（3）要注意情绪态度。讲题的过程一定要保持轻松愉快的气氛，这样有利于孩子认真思考，从而达到真正的理解。

（4）及时练习相同或相似的题型。如果孩子真正理解了解题思路，可以让孩子给家长讲一遍，以便加深理解和记忆。同时，可以找一道相同或相似的题，训练孩子举一反三的能力。

在必要时，家长可以给孩子讲讲题。但要注意控制情绪，要用科学的、孩子能接受的方法传递知识和思路，从而取得理想的效果。

计算出错不是大问题，多练就可以了吧

计算出错是每个学习数学的孩子都会犯的错误，只不过错误程度不同而已。对待计算出错的问题，家长一致认为：我家孩子数学没大问题，就是计算总马虎，练一练就好了。说明家长把孩子计算出错全部归因为马虎，认为不是大问题，只要练一练就好了。

事实上，计算出错不是小问题，不容忽视。至少从应试的角度看，计算不好的孩子，数学成绩不会太好甚至很差。计算问题并不是简单练练就好了。计算出错的原因，也不是家长们说的马虎。“马虎”这个词，用在数学的计算问题上，很难界定哪种错误算马虎。计算出错归因为马虎，会造成孩子对自己在计算中存在的问题认识不清晰、不具体，进而很难改进。

造成计算出错的原因

注意力不集中

抄错数造成的计算错误，原因都和孩子的注意力不集中有关。这里说的注意力问题，主要表现在三方面：从生理方面来说，小学生的注意力水平比较低，容易出现把数抄反了的现象，如把 23 抄成 32；从学习习惯方面来说，习惯不好的孩子，不认真看题，匆匆扫一眼就抄题，因为没看清楚，抄错数也是必然的；从外界干扰方面来说，孩子在做题时，是否经常有外界干扰，使注意力受到打扰，出现抄错数的问题也是不意外的。

记忆问题

很多计算错误，是由于记忆错误、记忆模糊造成的。家长应该知道，孩子的加、减运算基础是 20 以内加减法。而 20 以内加减法的准确和迅速都和熟练记忆加法口诀有关。孩子如果加法口诀没有记牢，那么所有形式的加减法运算都会出现问题。

另外，所有形式的乘除法运算都和乘法口诀有关。如果孩子乘法口诀不熟练，乘除法运算会做得很慢，而且还很容易出现错误。

乘法口诀还会影响分数运算的通分和约分。不夸张地说，孩子对乘法口诀的掌握，和以后的数学学习关系重大。请家长务必重视起来。

书写不规范

竖式计算中的计算错误，有相当一部分是和书写不规范有关的。

加法、乘法的竖式计算错误大多数都和进位有关。孩子忘了加进位数，或者把进位数加错数位的问题很普遍。造成这种错误的主要原因，是进位数没有对齐数位或者由于竖式的书写布局不合理，没地方写进位数。

减法竖式计算错误，大多数都和退位有关。尤其是连续退位时，错误率很高。孩子要么不写退位点，要么多写，要么虽然写了退位点但计算时还按没退位算。

除法竖式的计算错误，有相当一部分是因为把被除数的数字写得比较拥挤造成的。尤其是除法竖式需要写得比较长的时候，数字写得拥挤，会造成思维混乱，不知道除到哪位了，自然就会算错了。这种错误在小数除法中出现的频率很高。

学习四则混合运算时要关注的问题

运算顺序问题

四则运算是按照规定的运算顺序进行运算的。有很多孩子对运算顺序记忆不清晰，从而造成计算错误。加减法在左，乘除法在右时，有些孩子很容易算错。另外，有中括号的计算，也是孩子比较容易算错的题型。

理解算式的意义

理解算式的意义，是做好简便运算的前提。很多简算的错误，都是孩子不理解算式的意义，只是进行机械模仿造成的。理解算式的意义对小学生是有一定难度的，需要家长辅导孩子突破这个难点，让孩子真正理解简算的意义并计算正确。

家长发现了吗？你们认为的不是大问题的计算错误，却存在着方方面面的问题，甚至还存在着数学思维的问题，尤其是简算。请家长务必重视孩子的计算问题，这真的是个大问题。

计算问题也不是简单练一练就能解决的。这里说的简单练一练是指家长发现孩子有计算问题，就买本练习题，丢给孩子去练。这样是不能解决问题的，甚至还会出现越练错得越多的情况。

计算问题需要练一练，但练什么、怎么练需要家长动脑筋，要有的放矢。要先分析孩子犯的是哪类错误，然后分析造成错误的原因是什么，最后进行有针对性的练习才能取得好的效果。

孩子上课学不会，家长帮补习

孩子如果上课学不会，需不需要回家后家长给补课？这是很多家长困惑的问题。这个问题要从以下两个方面来看。

孩子只是偶尔没学会课堂上的知识

如果只是偶尔发现孩子没掌握课堂上的知识，家长首先要找原因：是孩子这节课没有好好听，还是听了却没有听懂？

如果是没有好好听课造成的，家长要加强教育和监督，还要找到不好好听课的原因。孩子不听课的原因有很多，如身体不舒服、同伴的影响、家里有重大变故、过生日、出去游玩的前后等，这些都是引起孩子不好好听课的常见原因。家长帮助找原因，是为了防患于未然，以免孩子养成不好好听课的习惯。这里要提示家长的是，找原因要客观、实事求是，不能一味归因到孩子不认真、不爱学习等学习态度上。千万不要让孩子受委屈。家长需要从根源入手，拔掉影响孩子听课的因素。这点家长一定要重视，孩子的退步和下滑，如果没有得到足够重视和及时止损，可能最后会发展成大问题。

如果已经认真听了课却没有听懂，要看是哪类知识。如果是很重要的概念性的知识，家长又没有足够把握给孩子讲懂，可以让孩子去问老师，家长最好先和老师沟通好。这样做，不管孩子有没有去问老师，都能保证孩子在老师的帮助下及时解决问题。

这里还要给家长一个重要的建议，如果孩子出现了一次没听懂，要观察孩子是不是对同类知识的学习也感到有困难。当孩子学到同类知识的时候，家长要多关注孩子的学习情况，避免同类问题再次发生。

孩子经常上课学不会

孩子经常上课学不会，这是个很大的问题，对于家长来说，这也是很棘手和令人焦虑的问题。

孩子对数学不感兴趣，听课习惯不好，某次上课没学会，而且遗留的问题没有得到及时解决，导致相关的知识都不会了，这些是孩子长期上课学不会的诱发原因。处于这种状态的孩子，探讨原因已经不重要了，重要的是如何尽快摆脱这种现状。

长期上课学不会的孩子，上课就是在消磨时间，全程都不听课，睡觉、玩东西、发呆甚至影响其他同学听课，是他们的上课常态。老师的提醒对于他们起不到任何作用。

孩子长期上课学不会的学生家长，大致有两种：一种出于无奈和无所适从选择和孩子一起“躺平”，这种是极少数的；另一种是孩子上课学不会，放学后家长会把当天的内容给孩子补上，这是大多数家长的做法。

孩子上课学不会，家长也同时“躺平”，这种做法是不正确的。孩子小小年纪其学业之路就止步了，即便孩子以后不上普通大学，走职业发展的道路，小学知识也是发展的基础，丢了基础以后便很难发展了。另外，做任何事情都会遇到困难，如果遇到学习困难就“躺平”，孩子以后遇到任何困难都会“躺平”，因为他从小就没有形成克服困难的意识和方法，不夸张地说，孩子的人生有可能因此而毁掉。因此，家长要积极想办法解决问题，千万不能“躺平”。

孩子上课学不会，家长回家之后把孩子当天所学的知识给孩子讲一遍，这种也不是很好的办法，弊端太多了。

弊端之一，孩子白天上课时无所事事，浪费了大把时光，可能养成在学校不学习的坏习惯。

弊端之二，孩子放学回家，本该休息和玩耍的时间，却要用来学习，会导致孩子的身心健康受到严重影响。曾经我班有个小男孩就是这样的。孩子课上总是低头玩东西，脸色发青、黑眼圈、打哈欠是他真实的状态。经过了解我才知道：他每天都是晚上十一二点才睡觉，放学回家后，要补习当天的内容，然后再完成当天的作业，每次忙完这些已经很晚了。由于长期睡眠不足，影响了孩子身体发育，别的孩子都很高了，他的身高却总不见长。

弊端之三，家长补课的效果不是很好。孩子成绩最好是良，得优很难。

弊端之四，家长补课也不可持续。随着年级升高，知识难度加大，家长讲课会越来越吃力，最后就辅导不了了。

孩子长期上课学不会，要想彻底走出上述恶性循环，建议家长长痛不如短痛，将当时学习的知识放一放，给孩子超前预习一些知识，帮助孩子上课能听懂。这样经过一段时间，孩子对听课有了兴趣，对学习数学有了信心，也就慢慢走出了困境。

孩子上课偶尔学不会，家长可以帮助补一补，一定要及时解决问题。如果是长期的情况，亡羊补牢弊端太多，不妨提前预习。实践表明，预习能够让孩子的学习收到很好的效果，家长不妨试一试。

MATH

03

激发内驱力胜过上辅导班

提起数学就烦，说明内驱力严重不足

经常听家长说，孩子一提起数学就烦，让他多做一道题都不愿意，甚至很不愿意完成数学作业。这种情况属于对于数学非常不感兴趣，学习数学的内驱力严重不足。

孩子为什么会这样厌烦学数学呢？该如何激发孩子学习数学的内驱力呢？

孩子厌烦学数学的几种原因

对数学的第一印象不好

孩子第一次接触数学时，家长如果让孩子对数学留下枯燥、抽象、难懂、没意思的印象，孩子就会厌烦数学。

在孩子上小学之前，大多数家长都会进行一些学前教育。数学的学前教育如果没有做好，就会让孩子对数学失去兴趣，甚至讨厌学数学。

数学学习还没有入门

不同的孩子学习数学的进程不尽相同。所谓的入门，即学起数学来，能把数学知识理解得比较透彻，做习题比较得心应手。而所谓的不入门，即对数学知识的理解总是差那么一点点，做题时举一反三的能力比较差，对数学的灵活变化完全没有招架能力。

对于数学，有的孩子入门快，有的孩子入门慢，或者明显落后于同龄孩子，这是很正常的现象。入门慢或者不入门的这部分孩子，由于长期对数学处于一知半解的状态，而内心又很渴望把数学学好，这种理想和现实的差距，让孩子内心很纠结，不知道该怎么改变现状。这种焦虑表现出来就是提起数学就烦。这种对数学的不感兴趣其实是假象，是求而不得的内心焦急的外在表现。

年龄偏小导致心智发展水平明显落后于同班级的孩子

这样的孩子大部分都是班级中年龄比较小的男孩子。这部分孩子由于心智发展水平比较落后，大部分心思没有放在学习上，而是放在玩耍上。也就是说，这些孩子还没有懂事呢，行为表现还比较幼稚。由于学习占用了玩耍的时间，提起学习肯定就烦。

学习数学过程中总有负面的情绪体验

在学习数学的过程中，数学老师的批评和不认可，家长的打、骂、吼，同学的嘲笑，都是孩子负面的情绪体验。一提起数学，孩子眼前展现的就是这些不愉快的画面，孩子能不烦吗？

数学成绩不好带来的低成就感

成就感是人做事情很重要的动力源。孩子学习数学的成就感主要来源于优秀的数学成绩。因为数学成绩目前还是评价孩子数学学得好坏的主要客观依据。孩子的数学成绩比较差、不够理想或不能达到孩子内心的预期时，由于没有取得好的结果，一提起数学，内心的痛苦、焦虑就会涌上心头，自然会表现出不耐烦。

如何激发孩子学习数学的内驱力

改变对数学的第一印象

在学习数学的过程中，引导孩子发现数学的有趣、好玩、有用等，对于中高年级的孩子，还可以引导孩子发现数学的美。总之，让孩子感受到数学不是枯燥无趣很难懂的学科，从而慢慢改变之前对数学不好的第一印象。

把孩子领进数学的大门

学习数学要遵照数学学科本身的规律。数学概念是家长辅导孩子数学时最不重视的，但数学概念却是步入数学大门的第一步。建议家长在辅导孩子做题之前，先帮助孩子把相关概念弄清楚，并且在做题的过程中，不断深化对概念的理解。这样，孩子学习数学才能慢慢入门。

关注和提高孩子的心智水平

孩子心智水平低，和对孩子的教养方式有关。孩子的言行直接影响孩子的心智发展。心智水平发展滞后的孩子，家长在耐心等待的同时，要积极应对、改变现状，鼓励孩子和年龄大一些的孩子一起玩耍，低龄时期的玩具不要再玩，语言也要减少或杜绝低龄化。孩子的生长环境和教养方式，对孩子心智发展有很重要的决定性作用。

在学习数学过程中让孩子得到积极的情绪体验

不论孩子的数学学习现状如何，都要看到孩子好的一面。不论好的一面有多大，都要通过不断的肯定和鼓励，让好的一面不断放大。孩子可能还没有感受到数学本身的魅力，但是学习数学过程中，来自外部的激励和信心是孩子很大的动力。

关注和提高孩子的数学成绩

家长可根据自身能力，力所能及地帮助孩子提高数学成绩；要找到提高成绩的突破口，如数学学习习惯、基础的计算等，都可以作为提高数学成绩的突破口。这两方面需要长期坚持才能收到相应的效果，所以做这件事情的最佳人选自然是日夜陪伴孩子的家长。家长如果有恒心，能坚持到底，一定有好的收获。

家长们可以根据上述内容，对照自己的孩子，看看属于哪种情况，然后有针对性地尝试。

专注力会影响孩子的数学学习效果

专注力是影响孩子学习效果的非常重要的因素之一，同时也是家长非常感兴趣的话题。因为一个孩子的数学学习出现问题，他或多或少都会存在专注力的问题。总有家长提问：孩子学习时不专注怎么办？有没有提高孩子专注力的好办法？

为什么说孩子的专注力对数学学习的影响非常大

专注能够激发大脑进行思考

数学的知识点需要理解才能掌握，数学老师讲课的主要目的是帮助孩子很好地理解知识点，这就需要孩子在数学课上专注听老师讲课。专注听才能激发大脑进行思考，有了思考才能理解，才能学好数学。

错过课堂讲解，课后难补全

数学学科不同于其他以阅读和记忆为主的学科。这些学科如果上课没有专注听，家长在家给孩子补一补，让孩子读一读、背一背，基本能补上来。然而，数学学科的知识点，家长即便知道，但是如何让孩子理解透彻，也是一个难题。这个难题就是数学教师的专业技术之一，需要教师精心备课并且教师之间探讨教研才能做到。普通的家长很难做到，而且家长的时间、精力、经验、专业等方面都有困难。

目前的数学教科书是静态的，编者意图需要数学教师进行钻研，引导孩子深入理解。孩子自己看书，只能看到字面上的浅显的内容，貌似懂了，实则没懂。所以，孩子上课不专心听讲，回家看书自学，或者家长看书协助孩子自学，精髓的东西很难学到。另外，数学学习还需要孩子与老师、同学进行思维碰撞，这些都是在家自学不能实现的。

年级越高，专心听课越重要

随着年级的升高，数学课的容量和难度越来越大，对孩子专注力水平的要求就会越来越高。小学高年级以后，如果孩子的专注力水平还是很低，对学习数学的影响就会很大。如果在小学阶段没有养成专心听数学课的习惯，等到上了初中就更难学好数学了。小学阶段孩子能集中注意力 25 分钟，数学课基本就不会落下。但是，初中需要孩子数学课全程集中注意力，要从 25 分钟提高到 45 分钟。

大家都知道，数学知识间的联系非常紧密，孩子一节课或者一个环节没有听，再往下有可能就听不懂了。对于这一点，上了初中的孩子深有体会。经常有孩子调侃，数学课上，弯腰捡个笔，抬头再听，就不知道讲的是什么了。这确实是事实，初中的知识点较难，解题步骤较多，有时候没听清楚其中关键的一句讲解，就接不上茬，实属必然。

专注力会影响孩子学数学的整个生涯，这种说法并不夸张。

既然孩子的专注力对孩子学数学这么重要，那么从现在开始，家长们就要格外关注孩子的专注力情况，要想尽办法提高孩子的专注力水平。

如何提高孩子的专注力

让孩子明白专注力的重要性

好的专注力会让数学学习事半功倍。我经常在课上给孩子们讲一个专注力很好的学生的事例。这个女生我从小学一年级带到了六年级。从第一天上课开始，我就发现她的专注力非常好，眼神总是跟随着老师的讲课节奏。由于她上课的专注力非常好，她的课外培训班上得很少，而数学成绩一直保持优秀。尤其升入初中以后，上课专注与不专注的差距就更大了。专注好的孩子能轻松完成作业，每天能正常睡觉，学习成绩优异。而不专注的孩子，完成作业很困难，甚至熬夜写作业，睡眠少，学习成绩差，休息时间还需要课外补习。那个小女孩的妈妈曾和我说，他们家的电话经常在半夜响起来，有时到了半夜一两点钟，这个女生已经进入了梦乡，还有同学给她打电话问数学题。到了初高中，专注力不仅影响孩子的学习成绩，还影响孩子的生活质量。

提升孩子的专注力刻不容缓

家长需要在家庭给孩子创造有益于孩子专心学习的环境。比如，孩子写作的房间最好布置得简单，不要放置容易引起孩子分心的玩具、图片等。孩子写作业时，家里要保持安静，家长最好不要看电视、玩手机、聊天等，这些声音都很容易引起孩子分心。还有，孩子专注写作业时，家长不要打扰，如让孩子吃水果、和孩子说话等。

另外，家长还可以有针对性地对孩子进行专注力训练。训练孩子的瞬时记忆容量就是很好的专注力训练，具体做法是：让孩子听家长说，然后复述出来，以此来训练孩子记忆的数量和质量。孩子要保证复述的内容多而准，就必须全神贯注倾听。这样持续训练，专注力自然就会得到提升。

磨蹭和拖沓背后藏着的秘密

孩子写作业做练习磨蹭拖沓是常见现象，也是很多家长非常苦恼的问题。家长不明白，孩子为什么会磨蹭和拖沓，明明半小时就能完成的作业，非要拖到一两个小时才写完，甚至有的孩子用的时间更多，拖到都要睡觉了还写不完。家长着急冒火也是可以理解的。

在和家长交流的过程中我发现，磨蹭和拖沓的现象在孩子中普遍存在，甚至有些学习成绩好的孩子家长也反映孩子有磨蹭和拖沓的现象。

现在我把孩子磨蹭和拖沓背后的秘密与家长说一说。

我们要先搞清楚孩子是真磨蹭还是家长认为的磨蹭。经常有家长问我："老师，您留的作业应该多长时间做完呢？"按照规定，小学生语、数、外三科作业时间的总和是一个小时。就数学学科而言，作业一般20分钟左右完成。但这不是绝对的，孩子之间是存在明显差异的，知识掌握的熟练程度、孩子当天的状态、孩子写字的速度等都影响着孩子完成作业的时间。在课堂练习时，做得快的和做得慢的时间差距很明显。做得慢的孩子不一定是磨蹭，可能是思考、书写都比较慢，所用时间就多。所以，完成家庭作业的时间，家长可以灵活把握时间，快的可能 5 ~ 10 分钟就做完了，慢的可能需要 30 ~ 40 分钟才能完成。所以，家长不要盲目给孩子贴上磨蹭和拖沓的标签。

与以抄写为主的学科不同，数学作业完成的时间，在很大程度上是由孩子上课听讲的效果决定的。孩子完成作业时间长，大概率是上课没听懂，题不会做。会做题，但就是磨蹭不做，这样的现象几乎没有。因为数学作业需要书写的文字并不多，孩子不会因为要写的字太多而不愿意写数学作业。所以，家长要多关注孩子数学课上的表现，与数学老师配合，提高孩子数学课的听课效率，是解决孩子数学作业做得慢的比较有效的办法。

有一些成绩优秀的孩子也有磨蹭和拖沓的行为，这是为什么呢？因为家长对优秀的孩子有更高要求，而孩子对家长的过高要求产生了消极抵触心理。尤其是中高年级的孩子出现这种现象更多一些。大家扪心自问，如果孩子很快完成了学校布置的作业，您是不是觉得孩子学有余力，还要给孩子布置家庭作业？家庭作业大多数是语文阅读、背英语单词、数学奥数，如果家长把学习计划贴到孩子的书桌前，会发现孩子完成学校作业的时间逐渐变长了，到后来基本是写完作业就该睡觉了。这种行为是孩子对家庭作业的抗拒。孩子觉得写完学校的作业就可以了，他积极快速地写完学校的作业，是为了能休息会儿、能玩会儿，可是家长布置家庭作业，占用了他休息和玩儿的时间，小学生还不敢直接和家长说不，所以就采取这种方式表示不满。也许他写完作业后，一直在房间里玩，也许他会边写边玩。所以，家长要慎重给孩子布置家庭作业，尊重孩子的意见，以免适得其反。

对于大多数孩子而言，如果在写作业前，看了电视剧、动画片、手机等这些不容易转移注意力的事情，即便家长强行中止这些事情，孩子写作业时大脑还在不断回想，写作业时就会分心，自然就磨蹭和拖沓了。所以，建议家长在孩子放学回家后，给孩子适量补充能量后，稍作休息就开始写作业。至于那些娱乐活动，都要安排到写完作业后。

有一些特殊情况，也要说一下。我有一个学生，家长反映从五年级开始，孩子写作业越来越慢，后来发展成在学校的单元测试都不能按时完成。家长很生气，说孩子学习态度不好，就是在磨蹭。可是孩子觉得很委屈，说没有磨蹭，就是写得慢。为了帮助她解决问题，我特意让她在办公室写试卷。我观察她的表现，终于找到了原因：孩子确实一直在写，题目也都会做，为什么会写得那么慢呢？我发现，她写完一个字以后，要端详一下，然后擦掉重写。我问她：你这个字我觉得写得挺好的呀，为什么要擦掉呢？孩子和我说：从一年级开始妈妈就要求我写作业时，每个字都要写得一边大，而且每一笔都要写得好。我如果写得不好，妈妈就擦掉让我重写。这样对书写精益求精的要求，低年级的时候写的字少，速度慢带来的影响还不明显，可是高年级以后，写的字多了，而且每做一道题需要思考的时间也多了，自然写作业的时间就明显增多了。所以，家长们在给孩子提作业要求时，要目光长远一些，避免过于追求完美。

孩子们都愿意很快把作业写完，故意磨蹭和拖沓的现象极少，所以家长要找到所谓的孩子磨蹭和拖沓背后的原因，解决孩子拖延的问题才能有的放矢。

遇到难题就躲

不爱动脑筋，遇到难题就躲，是很多家长对自己孩子的评价。这种孩子大致有三种表现：其一，看到所谓的难题标志，如书上带星号，试卷上的选做题、探究题等，看都不看就直接说不会；其二，题目字数多、题意不好懂的，只读一遍题，没有耐心多读一两遍，直接放弃；其三，是家长牵线的木偶人，机械重复的事情都能做，可是需要自己思考的地方就卡住了。前两种表现是孩子太懒惰和自主意识差，第三种表现主要是因为孩子平时没有自主思考的习惯，更没有思考的方法。

解决这个问题，要先从家长对孩子的教养方式说起。家长要先认识到一点，孩子日常的生活表现和他的学习是息息相关的。解决学习问题，可以从调整孩子的生活开始。日常生活中比较懒惰的孩子，学习上也不会很勤奋。

日常生活中做事情独立能力差的孩子，基本遇到难题就会躲，这类孩子大多数都是老人带或者有一个事无巨细包办代替的妈妈。前面提到的我班的那个上课不听讲回家妈妈给补课的孩子，就是一个典型的例子。孩子之所以会这样，都是因为生活中被家长照顾得无微不至。而家长根本没有意识到学习和生活的关系，觉得孩子只要学习好，生活中的一切事情都可以不用做。殊不知，生活中养成了懒惰的习惯，怎么可能把学习的事情做好呢？这个孩子到了六年级还要爸爸帮着背书包，而爸爸要他自己背书包，还遭到了妈妈的一通埋怨。甚至还有更极端的例子，三年级了，这个孩子吃饭还要奶奶喂，考试时连口算题都做不完，写几个字就待着，说累了。每次测试成绩百分制都是 10 以内的分数。

家长可以反观一下自己对孩子的教养，哪些事情可以让孩子自己做，而自己却在包办代替。生活中自主意识强、做事多、敢于挑战的孩子，遇到数学难题是不会躲的，他更愿意接受难度高的题目的挑战，更愿意凭借自己的努力克服困难，这样的孩子不在少数。家长可以和班级中这样孩子的家长多沟通，多了解孩子的日常生活，会有收获的。

如果孩子在日常生活和学习上不懒惰，只是不会灵活思考，这个问题就比较好办了。调整需要从两方面下手：一是日常生活，二是数学学习本身。

先说日常生活的调整。随着孩子年龄的增长，需要承担的事情会越来越多。家长在给孩子布置每一件新任务前，可以先让孩子自己思考该如何完成任务，然后家长在孩子想法的基础上进行调整，和孩子一起制定完成任务的计划和方法。这样，遇到新问题，孩子会养成先独立思考，再听取他人意见的习惯。如果家长给孩子布置新任务时，把完成任务的途径和方法都直接告诉孩子，孩子照做就可以了，那么孩子不论做了多少事情，独立思考能力都得不到锻炼，只会机械化完成任务，在数学上遇到新题难题，不会思考也是必然的。

再说如何在数学学习的过程中提高孩子解决灵活题和难题的能力。在平时做练习时，可以通过一题多变、一题多解训练孩子对数学问题之间的联系与区别的灵活把握。所谓一题多变，如通过条件和问题的切换，可以把加法题改变成减法题、乘法题改变成除法题等；所谓一题多解，就是同一道题目可以有不同解法。这样可以训练孩子的发散思维，当孩子遇到新问题时就不会没有想法了，反而可能想法还很多。还可以通过增加条件，把简单题目变成较复杂的题目，如一道一步计算的题目，可以让孩子添加一个相关条件，变成一道需要两步解答的题目，再增加一个条件，就是三步解答的题目了。这样的训练，对于解答较复杂的难题是很有帮助的。

在日常的生活和学习中，家长只要重视对孩子独立灵活思考能力的训练，当孩子遇到数学难题时，自己能独立解答的意识和能力自然就提升了。

MATH

04

学习方法不对，
学数学就是苦海无涯

“狗熊掰棒子”，学过就忘

“狗熊掰棒子”是家长形容自己孩子学过就忘的口头语。所谓学过就忘，有三类情况：一是在上课老师讲的时候觉得听明白了，可是回到家里做作业的时候，却不会做了；二是学习本单元时，练习题都会做，等到再学习其他单元，原来学过的单元练习题就不太会做了，其实就是记忆不清晰了，不是一点儿都不会，但比当时学习时做题的准确性差了很多；三是跨学期式的遗忘，这类情况在女孩子中存在比较普遍，成绩优秀、中等偏上的孩子中有相当一部分会有这种困惑。

不管是哪类情况，造成学过就忘的核心原因，是孩子对数学知识的理解和掌握浮于表面化，没有深入消化理解，使知识内化于头脑的知识库中。

对于上课老师讲的时候会、回家做作业就不会的孩子，家长要先排除孩子上课不认真听讲的情况。如果是上课没认真听造成的，请参照前面章节讲到的内容加以调整；如果上课确实认真听讲了，还是不会做题，说明孩子听课效果太差。这类孩子听课的重点是怎么做，而不是先明白为什么这么做，然后学习怎么做。合格的数学老师讲课，肯定是要重点讲为什么这样做，这才是孩子学习的核心内容，当孩子们理解了为什么，理解力强的孩子自然就知道怎么做了，老师就可以不重点讲了。一般的孩子也能很快学会怎么做，并能举一反三。

数学知识中的“为什么”一般从孩子原来的数学知识结构中来，更灵活点的知识则从原有知识结构和生活经验两方面而来。

第一类孩子的家长要在孩子学习新知识之前做好准备工作。先要检查孩子对于新知识相关的老知识的掌握情况。然后，和孩子一起进行适度的预习。谨记，是预习，而不是提前给孩子讲课。所谓和孩子一起预习，是和孩子一样都是学习者。举例来说，孩子原来学过整数除法，现在要学习小数除法，可以让孩子做两道整数除法的题目，让孩子说说算理和算法。请注意，这里的算理就是“为什么”的知识，这个要重点说。然后，把做过的两道题目加上小数点，让孩子观察题目，然后问孩子：有什么变化？你打算怎么办？有什么问题和困难？打算怎么解决？等等。不管孩子说得对还是错，家长都不要做裁判，和孩子把所有的疑问整理好，第二天通过听课解决即可。还要鼓励孩子在课堂上大胆提出问题。等孩子放学回家后要问孩子预习中的问题有没有得到解决。对于孩子在预习时说对了的地方要提出表扬，要好好鼓励。家长们切记，提出问题比解决问题更重要。孩子能提出有价值的问题是应该给予肯定的。如果你能训练孩子提出有价值的数学问题，孩子未来成为创新性人才的可能性是很大的。

所谓有价值的问题，不能为了提问题而提问题。例如，对于小数除法，孩子能围绕解决小数点的问题展开提问，这样的提问在学习环节中就是有价值的。

数学教材的知识学习，是分阶段螺旋式上升的学习。分阶段学习，就是同类型的知识，要安排在不同年级、不同册的教材中，以便分解难度，利于学生掌握。但是如果每个阶段的学习，不注重把被分阶段学习切割开的知识再结合联系起来，形成知识链，就容易出现上面的第二类、第三类学生的情况，分学段学习时都会，但学到下一段就把前一段忘掉了，或者不能把不同段联系起来。不仅家长反映过这个问题，就连学生自己也反映过这个问题。尤其在小学五年级的时候，在我的记忆中，不止一个女生和我表达了自己的困惑。女生们学习比较认真，到了五年级，上进心更强了，更容易发现自己数学学习上的问题，并迫切地需要解决问题。

把知识联系起来，形成内化的知识结构，比较好的办法就是加强复习。复习方法是，先进行知识联想，如家长说出平行四边形，让孩子说出和平行四边形相关的知识点，能联系上的都说出来并对说出的知识点进行分类排序，指出它们的联系和区别，以及如何记忆、如何辨析等。然后，把这些知识通过知识网络图联系在一起。最后，闭上眼睛想象出知识网络图。

家长按照上述谈到的方法对孩子进行训练，相信孩子学过就忘的问题会得到解决。

用学习文科的方法学习数学

有这样一类孩子，语文、英语等文科学得很好，甚至成绩优异。在数学学习上也没少下功夫，但数学成绩却不理想甚至很差。孩子和家长都不知道这到底是为什么，为此非常焦虑，尤其是到了高年级，焦虑程度越来越高，怕数学成绩影响了学业之路。

文科成绩优秀，在文科学习中获得的高成就感，促使孩子对和文科学习相关的学习方式和方法也存在高认可度，于是把学习文科的方法迁移到了数学学科上来。但数学学科属于理科，学科特点和文科截然不同，自然学习方法也不同，不可能用学习文科的方法学习数学，还能取得像文科那样优异的成绩。

一般来说，小学阶段女生学习踏实认真，所以，女生的文科成绩会比较好。但是，我发现有一些文科成绩好的女生，数学成绩却很差。曾经有个极端的例子，有个女生，文科成绩一直非常优秀，语文、英语成绩一直是全班第一，但是数学成绩逐年下滑。到了六年级，数学成绩百分制，才得二三十分。由于文科学习以记忆为主，从一年级开始，这个女生就靠记忆性的学习方法学数学。由于低年级知识简单、题型单一，孩子又很认真，数学成绩还不差。但随着年级的升高，数学成绩一路走下坡路，到了六年级就下滑到班级底部了。

我单独和这个女生接触后，发现她学习数学题真的是在一个算式一个算式地背。我问她为什么要背算式，她反问我：不背该怎么学呢？一个学了六年数学的孩子，还不知道该怎么学数学，孩子也很痛苦。深究其原因，家长确实有很大的责任。在上小学前，孩子就接触了语文、英语，而且花了很大的力气学习。孩子在这两门学科上都显示出了一定的潜力。于是，家长也受到了极大的鼓舞，在这两门学科上投入了更多的时间和精力，她这两门学科的水平确实高于同龄孩子。可是，作为基础学科的数学却被家长严重忽视了，最后出现了这样的极端现象。

除了上述极端实例外，也有一些文科好的孩子，或多或少存在这样的问题。

家长切记，切莫过早固定孩子的发展方向。小学阶段，还是打基础阶段，孩子一定要全面发展，千万不能顾此失彼，更不能弄丢了数学。在基础学科中，数学学科应该看作领头的学科。家长要知道，数学思维训练好了，会带动其他学科进步。“老师，我发现我数学好了，语文和英语也好了。”这是我班一个学生亲口和我说的。

所以，学前教育阶段千万别把数学思维启蒙丢下！理科学习和文科学习，训练的是大脑不同的区域。文理均衡发展，是孩子大脑发育需要的，也是孩子学业发展必需的，更是孩子能成为复合型人才的前提。

如果孩子目前在用文科的学习方法学习数学，不管现在数学成绩好与坏，最终数学成绩都会严重下滑，并低位运行。家长要及时将孩子从错误的道路上拉回来。

要让孩子从思想上认识到，用文科的方法学数学是行不通的，要让孩子自己高度重视起来，并积极配合做出调整。

调整建议从应用题下手。这类孩子，一般应用题做得很差，丢分点几乎都在应用题上。因为他们将应用题套路化，对于大致相同的应用题，他们会记住一个解题思路，在所有这类题型上套用。殊不知，数学题目是很灵活的，题目和问题稍加变化，解答方法就不同了。

要让孩子从理解题意开始，一句一句理解、一个算式一个算式地说出算式的意义。要慢慢来，细致入微，用稍长一段时间坚持不懈的努力，才能调整过来。

不管你的孩子是几年级，如果孩子的数学学习有问题，家长可以观察孩子是不是在用死记硬背的方式学数学。如果有这种现象，请及时止损，让孩子用正确的方法学习数学。

似懂非懂，不求甚解

家长们是不是有过这样的体验：给孩子讲题时，问孩子听懂了吗，孩子点点头，说听懂了。可是看着孩子的眼神，直觉告诉你，孩子并没有完全听懂。面对这样的情形，你很茫然，听懂没听懂的辨别标准是什么？如果孩子似懂非懂，你该怎么做才能让孩子完全懂呢？

孩子似懂非懂、不求甚解的情况，我在日常教学中也有发现。例如，在课堂发言环节，我发现有些孩子虽然发言踊跃，但他的发言总是和问题的核心内容有偏差，也就是常说的答不到点子上。我班就有一个这样的小男孩，上课发言很踊跃，但是他的发言总是和理想的解答擦肩而过，他对此也感到很苦恼。

我们先来分析一下这种情况是怎么造成的。一般，这种孩子学习主动性不强。就拿刚才说到的那个小男孩来说，他上课发言非常积极并不是他学习数学的主动性有多强，而是性格使然，因为他是一个爱表现的孩子。可以说，他回答问题时，并没有进行深入思考，第一反应是什么就说什么，所以他的回答就是不求甚解，基本都是错误的。

不求甚解的孩子背后，大多数都有一个比较强势的家长。孩子在家长的高要求下，出于对家长的惧怕，只是被动地好好学数学，并非发自内心真实的需求。

这些孩子学习数学时，精神紧张、思维活跃度不够，结果不能轻松快速地理解数学知识。加之，如果说听不懂，又怕家长训斥，所以在家长讲题时，他们会努力听，但听了个囫囵吞枣就作罢。孩子的目的不是听懂数学，而是想赶紧逃离这种紧张的氛围。

要想辨别孩子是否真的听懂了，很容易做到。先看眼神。真听懂了的孩子眼睛有神、闪闪发光，并且神情愉悦；似懂非懂的孩子，眼神暗淡，不是很开心的样子。另外，让孩子把题讲给你听，看看孩子是否讲得很流畅。同时，你也可以在孩子讲解时，提出关键问题。如果孩子对答如流，就真的听懂了；反之，就是一知半解，没有完全听懂。

要想改变孩子似懂非懂的现状，家长们要先自我做出改变。尤其是比较强势、上学时期学习成绩又比较好的家长，要好好调整自己的心态，别给孩子太大压力。学会给孩子创造宽松愉悦的学习氛围，尤其学习数学时，要让孩子的大脑保持最佳状态，让孩子开心，开心时大脑是最活跃、最灵活、反应最快的。在这种状况下，孩子才能更好地领悟数学。

家长改变心态，要先改变想法，理解孩子能学好小学数学也是不容易的。客观来讲，也确实不容易。孩子有些地方听不懂，是很正常的。从数学教师的角度，我负责任地说，几乎每个小孩都会有个别知识点出现听得不太明白的现象。但经过及时合理的干预，最后都顺利学会了。

在创造宽松愉快的学习氛围的基础上，家长还要注意自己讲题的方法，便于孩子深入理解。不同类型的题目，运用不同的讲法。例如，应用题用联系生活的讲法比较好，易错易混的问题用比较法讲解比较好。举个例子：乘法结合律和乘法分配律是很容易混淆的，所以可以把乘法结合律、分配律的题目进行对比讲解。

【例】

① $125\times(4+8)$

$=125\times4+125\times8$

② $125\times(8\times4)$

$=125\times8\times4$

第一题是乘法分配律，第二题是乘法结合律。先从形式上辨析，乘法分配律的算式是乘加或乘减，乘法结合律的算式是连乘。再从算式意义上辨析，这是重点，前一个算式其实是求 12 个 125 是多少，后一个算式其实是求 32 个 125 是多少。最后从解法上辨析：前一个算式先求 4 个 125，再求 8 个 125，合起来是 12 个 125；后一个算式是先求 8 个 125，再求 8 个 125 的 4 倍，就是 32 个 125。

最后，要想避免孩子不求甚解，就要让孩子多讲题、多反馈，并且对题目多进行变式。经过全方位训练，孩子不求甚解的问题就迎刃而解了。

学数学只会做题，不会预习和复习

很多家长认为，要想学好数学就要多做题。学数学确实离不开做题，但是做题仅仅是学习数学的一个方面。学好数学，还需要从不同方面去努力，其中预习和复习是很重要的两个方面，做好预习和复习是学习数学必不可少的。

从长远的角度看，预习和复习是提高自学能力的必要手段。小学时期预习和复习做得比较好的孩子，升入初中之后自学能力比较强。在我的数学教学中，比较重视对孩子的预习和复习方法的指导和训练。升入初中以后，经常有孩子向我反馈自己在班级中的数学自学能力是佼佼者，得到了数学老师的表扬和重点培养。有个女孩子曾激动地和我说："老师，太感谢您小学时教会我们预习和复习啦！我本来在咱们班数学成绩一般，可是升入初中以后，我的自学能力在班里是最棒的，数学老师经常表扬我，我的数学成绩在班级中也是名列前茅，我越来越喜欢数学了！"所以，养成好的预习和复习习惯就是帮孩子积攒了学习数学的后劲儿。随着年级的升高，孩子对预习和复习领悟更深，运用更娴熟，学习数学相关的知识能力都会得到提升，学习成绩也会相应提高。

家长们会问：既然预习和复习这么重要，我们该怎样辅导孩子进行预习和复习呢？

先来说说预习。预习建议从小学中高年级开始。因为小学低年级孩子年龄太小，提前预习后，孩子上课的新鲜感就差了，容易引起上课注意力不集中。另外，小学低年级的知识比较简单，也没有太大的预习意义。

从小学中高年级开始，家长就可以辅导孩子进行适度的预习了。请家长注意，预习不是简单地提前看一遍数学书，把书上的内容简单学一遍。这样的预习不如不预习，会造成孩子对数学课失去兴趣，对知识一知半解，弊大于利。

预习没有固定的形式和方法，孩子可以根据自己的思维特点，进行适合自己的预习。但是不论哪种形式的预习，核心是引发孩子对即将学习的知识进行深度思考。这种深度思考，可以用猜想、疑问、想象等形式表示出来。不同的知识可以用不同的方式方法进行预习。

首先，知识间联系非常紧密的，可以根据已知的知识，猜想出新知识，并用数学语言加以验证说明。例如，除法商不变的性质、分数的基本性质、比的基本性质等就属于联系很紧密的知识点，可以让孩子采取猜想的方法自主预习。在学习和掌握了商不变的性质的基础上，再学习分数时，根据分数与除法的关系相关知识——分子相当于被除数，分母相当于除数，分数线相当于除号，可以大胆猜想分数的基本性质是什么。孩子可以根据商不变的性质——被除数和除数同时乘或除以相同的数（0 除外），商不变，猜想分数的基本性质：分数的分子和分母同时乘或除以相同的数（0 除外），分数的大小不变。有了猜想，就可以通过举例说明等方式验证自己猜想的正确性。同理，学习比的基本性质时，也可以通过这种方式进行预习。这种预习方式对提升孩子数学直觉思维能力有很大帮助。

其次，易错、易混、难理解的知识，可以让孩子针对这些知识提出相关的问题，并自主寻求答案。像百分数的相关知识，生活中应用比较广泛，其中有很多易混、易错的知识点，通过让孩子提出和百分数相关的问题进行预习比较好。

最后，和图形相关的知识，可以让孩子通过充分想象进行预习。例如，老师讲梯形面积之前，可以让孩子想象一下梯形可以转化成哪些图形，并把自己的想象画出来。这样的预习，不仅锻炼了孩子的空间想象能力和发散思维能力，还加深了对梯形和其他图形之间联系与区别的认识。

说完了预习，再来说说复习。复习应该从小学一年级开始，要随时进行。严格来讲，要让孩子养成及时复习的习惯。基本的四种复习缺一不可，即课后复习、单元复习、期中复习、期末复习。

课后复习是每天做家庭作业前，先对当天课上学习的内容进行复习。建议从小学高年级开始，数学课结束后，用 2 ～ 3 分钟的时间，把老师上课讲的重点在脑子里过一遍。做好课后复习，会让孩子对所学知识记忆深刻，不容易遗忘。

不论是单元复习、期中复习、期末复习哪种复习，方法大致相同：先复习概念，再复习方法，最后复习技巧。另外，要让孩子重点复习错误点，再做些有针对性的习题。

单元复习是几种复习中最重要的复习，因为数学课本中的数学知识，是以单元为基本单位进行学习的，一个单元中的数学知识是有紧密联系的一个知识体系。所以，家长一定要重视孩子的单元复习。单元复习时，要先让孩子把单元中的基本概念提炼出来，并按合理的顺序梳理，然后总结提炼每个概念衍生出的性质、定理、方法，再将这些概念、性质、定理、方法按照知识的内在联系总结出本单元的知识网络图（思维导图）。完成了知识网络图后，孩子对本单元的数学知识的理解和掌握就比较系统而深刻了。在此基础上，对网络图中的每个知识点进行针对性练习。最后，再根据孩子平时的学习情况，进行易错题、灵活题、综合性较强题的练习。

期中和期末复习，方法是一样的，只是复习的单元数量不一样。都是对已学的单元进行全面复习。在前面已经进行了每单元复习的基础上，期中和期末复习的重点，可以放在单元之间的联系上，对于联系紧密的单元，可以打破单元界限，将单元合并总结成知识网络图。由于期中和期末的复习内容较多，复习重点可以放在查缺补漏上。对于遗忘较多的内容进行重点复习和练习。复习后，建议做一篇期中或期末的模拟练习，检验复习效果。

数学并不是只盲目做题就可以学好的，还需要家长帮孩子把好预习、复习两道关，让孩子成为学习数学后续力量十足的学生。

数学练习总是不能“全对”

有这样一类处于比较尴尬状态的孩子，看似学习数学挺努力、挺认真，貌似挑不出学习数学上的大毛病，可是，到了做练习的时候，无论是单元练习还是综合练习，都不能做到“全对”。

从老师和家长的角度来看，能否“全对”好像不那么重要，但是总是不能“全对”，说明孩子的数学在某些方面还是存在问题的，需要进行必要的调整。从孩子的角度看，他需要实现“全对”进行自我激励。好学的孩子内心是很渴望“全对”的，他会期待努力学习数学之后获得这样的结果。如果总是不能“全对”，孩子的心理会受到一定的打击。有些孩子会跟其他人比较，然后归因为自己不适合学习数学，或者学不好数学，丧失了学习数学的信心。这种孩子对学习成绩的情结比较重，他们爱学习，想在数学方面获得好的成绩，可是苦于总是不能全对。

在教学实践中，这类处在学习数学尴尬状态的孩子，还是有相当一部分比例存在的，而且男生女生都有。我曾帮助过许多这样的孩子走出了数学不能“全对”的困局，后来他们不论是大练习还是小训练，全做对是轻而易举的事了，学习数学的热情和自信越来越高涨，学习数学进入了轻松快乐的良性循环。

总体来说，这些孩子的主要问题是，内心实现数学轻松“全对”的愿望与实际数学学习表现之间存在差距。这种差距不被孩子所感知，或者说即便有所感知，也没有找到很好的解决办法。

如果说数学“全对”是孩子学习数学要实现的目标，那么日常的数学学习表现就要与这个目标相对应，做到日常的数学表现“全方位无死角”。做到这一点，才有可能实现全对，并从中获得成就感。

那么，什么才是“全方位无死角”的表现呢？

首先，上课认真听讲是第一要点。没有上课高效率的听课效果，基本上与数学“全对”无缘了。曾经有个小女孩，数学上很努力，内心对数学的结果追求很强烈，是个要强不服输的孩子。可是，不管多少次练习，班上的练习还是她自己在家里的自我练习，她都不能做到“全对”，错的不多，总是会错一些题，最少一道，最多三道。每次做完练习后，她和同学一交流，如果听说其他几个跟她学习成绩差不多的同学都是“全对”，她就很崩溃。为此，她没少流眼泪。很多次，她痛哭不止。她妈妈总给我打电话，让我安抚她。她的这种情况，如果不加以干预，她的心理健康会受很大影响。

这个孩子的最大问题，是上课有走神的情况。她走神与精力不充沛、饮食结构不合理、回家后学习太疲劳有很大关系。据我了解，这个小孩挑食，蛋白质摄入量太少。后来我和她及她的家长沟通后，有所改善。另外，因为她上课听讲走神，为了学好数学，回家后家长便进行题海战术。殊不知，老师都会把重点、难点融到日常的教学中加以讲解。认真听讲的孩子，就会非常受益。像她这样盲目多做题，由于能力有限，不能对每次的练习进行有效的概括总结，再加上没有老师的深入挖掘、讲解、训练，掌握也不牢固。

后来我在课堂上会时刻关注她的听讲状况并加以提醒。经过一段时间的调整，她上课时能认真听课了，她回家也轻松了，练习量减少了很多，学习数学的状态进入了良性循环轨道。她自己很轻松很开心，再也不觉得学数学费劲了。终于，在某次单元数学练习中，她全做对了。当时，她激动地拿着这份数学练习，给周围的同学们看。再后来，有时她是班级中唯一能全做对练习的。

其次，学习数学不留死角、不存侥幸心理，是数学“全对”的第二要点。我曾和孩子们说，数学错题就是学习数学的“黄金屋”，那里存着通向轻松愉快学习数学的“金钥匙”。孩子的错题中，存着孩子学习数学过程中出现的大大小小的问题。解决了这些问题，孩子学习数学就会轻装上阵，轻松学好数学，体验学习数学带来的愉快。

解决错题问题，首先要大量见题，保证题题都会，题题都不错。请家长别误会，大量见题不是传统意义上的题海战术，我说的是大量见题而不是大量做题。大量见题，是打开数学试题视野，对于日常常见的题型一扫而过即可，重点攻克日常不常见的新题、难题和易错题。一篇练习可能有一道、两道，最多三道这样的题目。想得到数学自我奖励，想实现“数学自由”的孩子只要把这些题目成功攻克，就大大增加了成功的概率。

我班的一个小男孩，数学试题视野太窄，数学练习时错题太多，离他的数学梦想差距太大，究其原因，就是他只完成日常的作业，没有任何拓展，数学错题多也是必然。日常的作业，是基本要求，离数学“全对”还有一定的差距，对于数学有高要求的孩子，还是很难满足的。

数学考试得 90 多分还是容易的，但是得 100 分，就不容易了，需要孩子有比较强的数学解题能力和数学应试能力。那个小男孩，通过拓宽试题视野，最终也如愿得了数学 100 分。

最后，强调一点，对于小学三年级及以上的孩子，还存在数学应试心态和应试能力的问题。

数学的应试有两种不好的心态，一种是焦虑度过高。这类孩子想得到优秀，甚至“全对”的愿望太迫切了，以致考前和考中心态过度紧张，很难正常发挥自己平时的数学水平。

存在这类情况的小女孩居多。曾经有这样一个小女孩，数学学习没有其他问题，就是数学考试的心态不好，导致数学考试总是不能正常发挥。在这种状态下，她想实现“全对”的理想完全是不可能的。她自己描述她的考试状态：手脚发凉，紧张得身体出汗，感觉大脑反应变慢，有时出现一片空白的情况。

其实造成紧张状态的核心想法，就是非常想考好，但又怕自己考不好，而且还联想考不好的后果。造成这种状态的根本原因是家长要求过高，给孩子的考试结果压力过大，孩子对家长的要求很看重，对自己的数学自信不够等。

建议家长平时可以严格要求孩子的数学行为，但不要给孩子过大的数学结果的压力，考前制订结果计划是不可取的，适得其反的情况常有发生。

家长可以对孩子的考试心态做一些适度的放松训练，告诉孩子任何情况下，都要把自己的关注点放到做对题目本身上，而不是把注意力放到得到什么结果上。

这样，没有过度的压力，注意力也放对了地方，自然就解决了因为心态不好而得不到自己想要的好结果的现象了。我前面说的那个小女孩，在我和家长共同的配合下，解决了她数学考试心态的问题，让她实现了学好数学的目标，更有动力继续努力下去。

另一种不好的心态是过于轻敌，盲目自大的心态。存在这种心态的，以比较聪明、数学解题能力比较强的小男孩居多一些。这些孩子对较难的数学题目很感兴趣，对比较简单的数学题目，兴趣度不高，重视程度不够，考试的时候，总是会在“小河沟里翻船”。自然“全对”就不可能了。尤其在试卷简单的情况下，这类孩子的数学成绩不要说“全对”了，取得好成绩都比较难。因为他们完全凭兴趣出发，题目没有难度，他们的兴趣不浓，重视程度不够，轻敌自大，成绩翻车的可能性是很大的。

我有一个学生是非常典型的例子。他很聪明，爱思考，数学思维能力很强，有一颗学数学的大脑。但是，就是错题多，错的都是简单题和基本题，总不能“全对”。他自己也很苦恼很困惑，内心也想实现“全对”，证明自己学习数学的实力。

我通过一次谈话，改变了他的数学心态。我对他说，对于学习数学来讲，有时很难说清楚哪些是难题，哪些是简单题，对于每个学习数学的人来讲，能做对的题目就是简单题，做不对的就是难题。有些题目虽然是基本题，但是你没有做对，对于你来说它们就是难题。他一下子恍然大悟了，领悟到：把简单题作为难题来做，就可以解决问题了。果不其然，谈话后的第一次练习，他就全做对了。困扰了他很长时间的问题迎刃而解了。他很开心，学习数学的热情更高了。

如果我们深入孩子的内心，会发现每个孩子都想学好数学，想在数学上取得成功。孩子在学习数学的道路上，会偶尔迷路。我们作为家长和老师，是孩子们学习和成长过程中的领路人，孩子们在学习数学过程中出现问题，我们要及时给予帮助和鼓励，把孩子引领到正确的道路上。我相信，孩子们都会爱学数学，都能学好数学。

数学考试总是发挥不好是什么原因

俗话说，养兵千日，用兵一时。这个道理用到数学学习上也很适用。也就是说，孩子平时辛苦学习数学，短期目标就是获得一个好的数学成绩，最后得到很好的学业发展。

许多孩子总出现以下这种情况：平日数学千般好，关键时刻总掉链子，数学考试时常不能发挥正常水平，考试成绩总是比平时差，甚至差很多。这种情况不容小觑，一定要加以调整和改变。因为存在上述问题的孩子，我们很难通过他平时的数学表现去把控和预知他的数学考试成绩。也可以说，他的数学考试成绩的不确定性太大了，而且都是不好的不确定性，这样孩子的数学之路会走得异常艰难。

我们先分析一下，孩子平时的数学千般好，是不是真的千般好。换句话说，孩子平时的数学千般好是怎么得到的，是孩子凭借自己的学习能力得到的，还是通过家长的指点或家长的包办代替获得的。

数学考试发挥不好的一个重要原因，就是孩子平时的数学作业看似完成得很好，其实都是通过家长帮助获得的。到了考试的时候，没有了家长的帮助，孩子自己独立解答，就暴露了真实的数学学习情况。

存在家长包办代替过多、干预过多，造成考试发挥不好假象的孩子不在少数。这类家长的普遍心理是，对孩子的数学学习期待挺高、要求挺严，同时又对孩子能自己学好数学没有足够的信心。对于孩子学数学这件事情，家长并不清楚哪些地方该放手，哪些地方不该放手，导致孩子平时的数学学习能力没有得到锻炼提升，考试时不能正常发挥也是必然的。

给这类家长的建议就是，在辅导孩子数学学习的过程中，要拿得起、放得下，最终目的是让孩子慢慢地做好与数学学习相关的事情。家长的辅导是为了不辅导，而不是让孩子总是依赖家长才能学好数学。

家长首先要负起监督、督促、检查的责任。

家长要通过检查课堂学习效果了解孩子上数学课的表现。比如，可以通过让孩子做一两道和当天上课内容相关的题目来检查孩子的上课听讲情况。

如果孩子有不会做的题目，家长可以督促孩子去问老师，而不要总是自己给孩子讲题。家长自己给孩子讲题，很容易让孩子养成依赖心理。而问老师这件事情，孩子很难依赖，孩子在老师面前总愿意表现出很棒的一面，这也是孩子不爱问老师问题的原因之一。当孩子从老师那里得到解题思路和方法后，家长还要引导孩子分析不会做某道题的原因，从而减少不会做的题目的数量，促使孩子的数学学习取得进步。

对于孩子完成数学作业这件事情，家长要做到充分了解，及时检查和积累。充分了解孩子哪些题目做得比较熟练并且正确率比较高，哪类题目错误率比较高，错误原因是什么，还有哪些题目孩子不理解不会做。对于易错的题目和不会做的题目，如果不能准确分析出原因，一定要请教专业的数学教师，这点很重要，因为一旦找不到错误原因，会把孩子带到错误的轨道上，反而让孩子的数学成绩退步。

孩子完成数学作业的效果，家长要及时检查和关注。聪明的家长可以把孩子的每一次作业和练习都当作一次考试，有时间要求、有书写要求、有批改分数，让孩子把考试当作常态，不断练习考试的流程，从而增强对考试的适应性，提升应试能力。

检查和督促孩子记忆数学知识。在这件事情上，家长是最佳参与人选。数学的概念、公式、性质、该记忆的数（五、六年级常用的 100 以内的质数，以及这些质数的倍数；常用的分数、小数、百分数相互转化的数；常用的圆周率倍数；常用的平方数等）等，这些都需要家长时常检查孩子的记忆情况。注意，我说的是时常检查，而不是检查一遍就再也不管了，要帮助孩子养成经常记忆数学知识的习惯。这点对孩子考场正常发挥很重要。

帮助孩子调整考试心态和提升应试能力。关于调整考试心态，前面已经谈过了，家长可以翻看前面的内容。这里只补充一个建议，考试心态不好的孩子，家长平时给孩子灌输的竞争意识太强了，造成孩子的竞争压力太大，孩子的假想对手一旦表现好，就会给孩子无形的压力。建议家长让孩子自己和自己比较，看到自己的进步和不足就可以。总之，学好数学，需要孩子心思单纯。只有把心思都用到完成数学题目本身上，才能更好地完成数学考试的任务。

提升应试能力，除了刚刚说到的把每次作业、每次练习都当作模拟考试以外，还需要对考试的一些环节和技巧进行指导和练习。比如，按顺序做题，千万不能先做难题，以免从心理上吓住了自己；在没有把所有会做的题目做完之前，不要在不会的题目上耽误太多时间；会做的题目一定要争取第一遍就做对；做完题目要检查，要从分值多的题目开始检查；要提高抗干扰能力，如果考场上出现了突发事件，一旦发现自己的注意力被分散了，一定要及时将注意力收回到刚才没有做完的题目上；认真听监考老师的提示和要求等。上述这些细节，都是提升孩子应试能力很重要的内容。

家长在平时注重让孩子多锻炼、多提升数学能力，孩子考试时就能稳定地取得优异的数学成绩。

计算总出错是马虎造成的吗

有些家长认为，孩子计算错了不是什么大问题，是马虎造成的，批评两句就可以了。事实上，仅仅批评孩子，并不能解决计算出错的问题。孩子的计算照样经常错，错过的题依旧错，还会出现新的错题。就这么个计算出错的问题，怎么就解决不了呢？家长们感到困惑又束手无策。

孩子计算总出错，是不是马虎造成的呢？的确有马虎的原因存在。马虎是指做事草率、不认真，也就是说，孩子在做计算题的时候，确实是不认真造成计算题出错。

孩子对待计算题为什么会粗心、不认真呢？因为不重视或者说不喜欢。不重视的原因是孩子认为计算是比较低级的数学思维活动。孩子为什么会有这样的认知呢？一个重要的原因是家长也没有重视计算。通过与家长的交流我发现，家长普遍对数学应用题很重视，认为应用题的完成效果能证明自己的孩子聪明与否。对待计算的错误，家长只是惋惜孩子没有得到理想的数学成绩，但并不认为是什么大问题，因为计算对错不能证明自己的孩子是否聪明。

要想解决孩子计算总出错的问题，家长们要先端正对计算的认识。计算不仅影响孩子的数学成绩，对孩子的数学思维能力和创新思维能力的发展也有很大的影响。计算准确无误，说明孩子思维严谨，细心严谨是创造性思维能力的一个方面。很简单的道理，做成任何一件事情都在于细节，如果孩子从小就形成了不细心的习惯，将来做事失败的概率是很大的。

家长们对计算的态度端正了、重视了，孩子在家长的引导下，对计算题自然也会认真对待。

计算总错这件事，不仅有马虎这一个原因，还存在其他的一些原因。

（1）抄写问题。我们发现，很多计算的错误是因为抄写失误造成的。尤其是专注力不好的孩子，很容易出现抄写错误的情况。不是孩子不认真，而是他的注意力分配不足。家长可以通过刻意练习来避免孩子抄写失误的情况发生。可以让孩子慢些抄，并回头检查。从书到作业本、从竖式到横式、从草稿纸到试卷等，都需要孩子进行抄写。对每个抄写的环节家长都要给予耐心指导，让孩子抄写正确。我的很多学生，经过一个月左右的刻意练习，都改掉了抄错数的坏习惯。

（2）书写问题。计算主要靠笔算，笔算的主要形式是竖式计算。竖式书写不规范，是造成孩子计算出错的很重要的原因。加法竖式的竖式线，一定要和第二个加数隔开一定的距离，给进位数留出空间，并能保证进位数对齐数位。减法竖式的被减数要和横式隔开一定距离，给退位点留出书写空间，以保证退位点有地方写，并且孩子在计算的时候能看得很清楚。乘法竖式和加法竖式的要求一样，要把竖式线和上面的数分开一定距离，以便有地方写进位数。除法竖式要把被除数的每个数字分开写，以保证商的数位和被除数的数位能够对齐。书写规范整齐，对计算的准确起到了决定性的作用。

（3）记忆性或习惯性错误。在计算中，很多孩子多多少少都会有自己的计算死穴。也就是说，他的计算总会掉进他常掉的坑里而很难自拔。例如，2×3 和 $2+3$ 很多孩子会搞混，而且混了以后还检查不出来。再比如，我经常发现孩子在计算时有背错乘法口诀的现象。我的一个学生总把四九和四八两句口诀背错。另外，20 以内的加减法是非常重要的，但是有很多中高年级的孩子还会经常出现 20 以内加减法的计算错误。所以，家长一定要看看自己的孩子有没有一些习惯性的计算错误，并加以训练和纠正，千万不能让孩子错误成自然。

总体来说，解决计算总出错的问题，要先端正态度，然后再对孩子的具体错误加以分析，并进行有针对性的刻意练习和调整，孩子计算出错的问题就会得到改善。

应用题写错单位名称是什么问题

所谓应用题，就是用数学知识解决生活中的实际问题，会涉及生活中的很多数量。生活中不同的数量有不同的计量单位，体现在应用题的解答中，就是不同的单位名称。

在解答应用题的过程中，有相当一部分孩子的单位意识比较淡薄，甚至对单位名称的书写还停留在机械模仿阶段。

有些家长对孩子不书写单位名称的问题不是很重视，认为孩子只要算式写对了，就表明应用题会做了。在批改孩子的数学作业时我发现，有些孩子的数学作业，明显有家长检查过的痕迹，可是应用题的单位名称错误并没有被家长发现，并加以纠正。有这样几种典型的单位名称错误：第一，作答全程没有一个单位名称；第二，每个算式有不同的单位名称，可是孩子全程只写了同一个单位名称；第三，多步骤解答的应用题，只在最后一步写了单位名称，前面的算式都没有写单位名称。

单位名称错误，表面上是错写了一两个字或者少写了一两个字的问题，但是这种错误背后隐藏着几个大问题：第一，孩子对题意的理解是否深刻；第二，孩子对实际生活与数学知识之间联系的认识是否正确；第三，孩子对自己的解答思路是否清晰并能自圆其说。所以，家长一定要重视孩子应用题解答过程中单位名称的书写问题。

孩子不能准确书写单位名称，主要有以下三个原因。

(1) 孩子没有单位意识，只是简单机械地按照数学老师的要求做题。在小学一二年级阶段，孩子的单位意识只停留在机械模仿阶段，因为所有的应用题都只需要一个算式解答，根据应用题的问题很容易找到单位名称，可以说孩子不假思索就可以写对单位名称。而到了高年级需要用多个算式解答应用题时，孩子如果只会在最后一步写单位名称，或者全程都只写一个单位名称，说明孩子的单位意识还停留在小学低年级阶段，应用题的解题能力还存在很大的上升空间。

(2) 孩子对题意和解答过程似懂非懂、模糊不清。如果孩子有单位意识，知道每个算式都要确定单位名称，但就是不知道写哪个单位名称，犹豫不决、乱猜乱写，说明孩子对题意和自己的解答还处于浅层的理解层面，没有深入理解，是在一知半解的状态下作答题目的。

(3) 忽视解题过程中单位名称的转化问题。有些题目条件中所给的单位名称不一致，需要经过转化，让单位名称一致后，才能进行解答。而有相当一部分孩子，要么审题不认真，没有发现单位名称不一致的问题，要么在解题的过程中忘记了单位名称转化，造成单位名称的错误。

要想让孩子每次解答应用题时都能把每个算式的单位名称写正确，家长不妨尝试一下以下的方法。

首先，让孩子在生活中认识不同的量。家中的物品、超市的物品，训练孩子能准确说出它们的单位名称。例如，苹果的质量用“克”或“千克”做单位；苹果的个数用“个”做单位。再比如，桌面的大小可以用面积单位“平方米”或“平方分米”做单位；桌面的长用“米”或“分米”做单位；矿泉水的多少用“升”或“毫升”做单位；等等。孩子在生活中认识并熟悉了不同量的单位，在解答应用题时确定单位名称就不会感觉陌生了，也能比较熟练了。

其次，孩子如果不能明确每个算式的单位名称，家长可以引导孩子回顾每个算式解决了什么问题，并列出小标题。

【例】 每根冰棒 3 元，每箱有 30 根冰棒。妈妈的车里装了 2 箱冰棒，爸爸的车里装了 3 箱冰棒。问：买这些冰棒爸爸妈妈一共花了多少元？

这道题涉及三个不同的单位名称：“根”“箱”“元”。作答时有不同的解法。有的解法比较好确定单位名称，有的解法就不好确定单位名称。对于不好确定单位名称的解法，家长可以通过让孩子列小标题的方式来帮助确定单位名称。

【例】

（1）爸爸妈妈一共买了多少箱冰棒？ 2+3=5（箱）

（2）一共买了多少根冰棒？ 30×5=150（根）

（3）一共花了多少元钱？ 3×150=450（元）

如果孩子对题意理解深刻，对自己的解题思路非常清晰，单位名称是不会写错的。

最后，还需要让孩子多练习单位名称不一致，或者问题中没有明确单位名称的题目。例如，题目中只提问需要多少钱，有的小孩就把单位名称写成了“钱”。其实，这时候要看题目所给的条件中的钱数是什么单位，求出的结果就是什么单位。如果条件中的单位是“元”，那么结果的单位就是“元”。又如，一条长50米、宽17米的路上，需要铺满厚3厘米的沙子，需要多少沙子呢？这里面就需要将“厘米”转化成“米”后再计算。如果孩子直接计算$50\times17\times3$，用“立方米”或者是“立方厘米”作为单位名称都是错误的。如果孩子用“米”或者“厘米”作为单位名称，问题就更大了，说明孩子对所求的量的种类不清楚。

单位名称错误，其背后的问题比较多，也比较复杂。家长可以借鉴前面所讲的方法，根据自己孩子的实际情况，加以干预和解决。

错误的学习小窍门成了学习的障碍

懒惰是人的天性。孩子在学习数学的过程中，不自觉地会寻找让自己省时省力、少费脑筋的学习“小窍门”。这个问题可以辩证地看待。好的一方面，如果孩子是在深入理解数学知识的基础上，在不影响对知识正确理解的前提下，以有利于提高学习数学效率为目的，自己总结数学学习方法和窍门，还是值得提倡的。能做到这点的孩子并不多，而且需要等到小学高年级，孩子有了一定的数学认知水平，才有可能实现。坏的一方面，孩子自己总结的小窍门，往往适用范围很窄，有些甚至会出现知识性错误，解题机械化，不动脑筋，把灵活的数学学习方法转变成记忆小窍门。这种现象在小学低中年级有相当比例的存在。所以，需要引起家长的高度重视。

在教学中我发现，孩子自己总结的错误经验挺多。主要有以下几种情况：

第一，解应用题时不全面理解题意，只看关键字或词，就盲目列式子计算。例如，看到“一共”就用加法计算。有些孩子发现一般的加法题目最后都问“一共多少”，尤其是小学一、二年级的应用题，表述方式比较单一，确实容易误导孩子。如果孩子只根据“一共”就确定加法计算，在学习除法时，如果题目是这样的：“全班共 42 人，每 7 人分成一个小组，一共可以分成几个小组？”遇到这种问题，孩子很容易把除法问题做成加法问题。又如，大数、小数、差的问题是孩子易错的题。错误原因是孩子没有按照大数、小数、差的三量关系解答题目，而是按照自己总结的小窍门，看到“多”字就加，看到“少”字就减。比如，“小明有 120 元零花钱，比小军多 20 元，小军有多少零花钱？”这是一道需要用减法来解决的应用题，因为题干中知道了大数和差，需要求小数，用减法计算。可是，有相当多的孩子看到题目有个“多”字，不假思索就用加法计算。而“小明有 120 元零花钱，比小军少 20 元，小军有多少零花钱？”这道题虽然有个“少”字，却是加法题。但是，有些孩子看到题目中有个“少”字，就用减法计算。

第二，记忆数学知识，以一般情况代替全部。我在教学中发现，有些孩子在记忆数学知识时，会用一般情况代替全部加以记忆。例如，记忆长度单位时，一般情况下，相邻的两个长度单位进率是 10，但是还有特殊情况，如“千米”和“米”的进率就是 1000。经常有孩子把“千米”和“米”的进率记成 10。又如，一般情况下，相邻的两个面积单位之间的进率是 100，但是也有特殊情况，“公顷”和“平方米”之间的进率就是 10000，可是往往有些孩子还是记成了 100。这些错误都是因为孩子在总结记忆规律时，用一般情况代替全部造成的。

第三，以数的大小区分不同的数量。作答应用题时，除了依据加、减、乘、除法的意义，还要依据一些数量关系。对于一些数量关系，孩子觉得难理解或者不愿意理解的，就按照自己的“小窍门”行事。例如，时间、路程、速度三量关系，孩子经常会把速度和路程搞混，因为孩子认为表示路程的数一定比表示速度的数大。比如，类似下面的题目：

【例】 汽车每小时行驶 80 千米，从甲地到乙地需要行驶 50 千米，汽车到达乙地需要多长时间?

认为路程一定大于速度的孩子，这道题肯定会做错。上面说到的只是孩子常犯的错误。实际上，孩子的所谓“经验总结”五花八门，有些孩子走捷径的“小窍门”，会以隐蔽的形式存在，不容易被老师和家长发现。至少在引起“爆雷”的题目出现前，孩子用自己的“小窍门”做题屡试不爽、乐此不疲。殊不知，孩子在错误的道路走得越远，改正的难度越来越大，需要的时间越来越长。所以，家长不能只关注孩子的解题结果，更要关注孩子的解题思路是否正确。尤其是应用题，一定要让孩子说一说为什么这么做，列算式的依据是什么。

在此要提示家长的是，应用题的解答依据一定是加、减、乘、除法的意义和数量关系，让孩子说解题依据的时候，一定要围绕这些数学概念来说。

另外，家长可以关注一下自己的孩子有没有总结一些数学“小窍门”。对于正确的，可以加以肯定和表扬；而对于错误的经验，务必及时加以改正和调整，千万不能让错误的经验形成孩子的解题习惯。

低年级成绩好掩盖了很多学习漏洞

家长中有一种这样的说法：小学一二年级的数学成绩水分比较大，不能完全反映孩子的实际数学学习水平。这种说法是有一定道理的。如果小学低年级的数学成绩不好，那是真的不好，家长一定要重视，帮助孩子把数学成绩尽快赶上来。但是，如果小学低年级的数学成绩好，甚至经常得 100 分，也不一定说明孩子的数学学习水平高。这种成绩好，未必是真的好。等到了三年级，孩子的数学成绩也许会慢慢下滑，甚至会比较差。

为什么会出现上述情况呢？因为，在小学低年级，孩子在数学学习中的很多漏洞，会被数学高分成绩所掩盖，不易被家长发现。家长简单地认为：我的孩子只要数学成绩好，学习数学肯定没有问题。而事实真的不像家长想的这么简单。

掩盖了很多学习习惯的漏洞

有很多孩子在学龄前或多或少都会接触到小学一、二年级的数学知识。另外，小学低年级的数学知识相对比较简单，家长辅导起来不费力。所以，有相当一部分孩子，即便上课不认真听数学老师讲课，也不影响取得优异的数学成绩。

我在小学三年级接班时，发现班上有一个女生，上课总是低头玩手或玩东西。不夸张地说，一节课四十分钟，她从不抬头。即便被提醒，也只是抬头看看我，然后又低头干自己的事。就这样，我观察了她一个星期，每次上课她都是低头的状态，全程游离于课堂之外。再看她完成作业的情况，上课讲过的题目，她依然做错了。作为专业的数学老师，我知道这个女生的情况很严重，必须及时和家长联系。当我把孩子上课的状态和她妈妈说过后，她妈妈很诧异。孩子妈妈的第一反应是不相信，因为她的孩子小学一、二年级每次数学考试都是 100 分。我问她：小学一、二年级的数学提前学过没有？家长辅导过没有？她做了肯定的回答。第二天，我让她来到学校，透过教室后面的窗户，她真真切切看到自己孩子上课的表现，忍不住哭了。她感谢我及时把孩子的情况反馈给她，并意识到如果不及时调整孩子的上课状态，孩子的数学学习就止步于三年级了。后来，通过我们的密切配合，孩子上课听讲的问题得到了很好的解决，孩子的数学成绩也有了大幅提升。

隐藏着很多数学认知和解题方法的漏洞

有些小学低年级数学成绩好的孩子，到了高年级，学习成绩开始走下坡路，甚至成绩下滑严重。他们的问题主要出现在学习方法和知识理解上。深挖原因，病根是在低年级埋下的。

数学知识的学习是分阶段逐步进行的。小学低年级阶段，孩子学习的数学知识是在自然数范围内的。因此，对有些数学知识和方法的认识不够全面，结果成为高年级数学学习的障碍。例如，对于除法的认识，孩子在低年级阶段接触到的只是被除数大于除数的情况。在有些孩子的认知里，就认为除法只能用较大的数除以较小的数才有意义。这种错误认知越深刻的孩子，学习高年级相关知识的阻力就越大，甚至会造成学习成绩下滑。到了五年级，学习了分数和小数后，对除法应用题的理解也相应有所拓展。这样的问题，是很多孩子都不易理解、容易出错的。比如，“汽车行驶 500 千米耗油 80 升，平均每千米耗油多少升？”有些孩子由于小学低年级时的错误认识，作答时就会用 500÷80，结果就做错了。这样列式求的是 1 升油可以行驶多少千米。所以说，如果低年级学习除法意义时存在错误认知，到了高年级，学习漏洞就显现出来了。又如，小学三年级时，会学习“倍”的概念。由于受到数的认识的局限，所有的题目都是求较大数是较小数的多少倍。如果孩子在三年级错误地认为只能求较大数是较小数的多少倍，等到了小学六年级，求一个数是另一个数的几分之几时，孩子就会感觉非常困难、很难理解。

对待这种情况，在小学低年级时，不要让孩子把数学知识学成“句号”，要让孩子把数学知识用一连串的问号连接起来，允许孩子对未来的学习进行猜想和提问。如果孩子不能提出问题，老师和家长也要把问题抛给孩子。比如，前面讲到的对除法容易产生的片面认识，就可以通过提问的方式引起孩子的注意。可以问孩子：较大数可以做被除数，那么较小数可不可以做被除数呢？商会是什么情况呢？

小学低年级阶段的数学学习非常关键，并不是有些家长认为的知识简单，没的可学。家长不要被孩子好的数学成绩蒙蔽了双眼，看不到孩子的数学学习习惯、学习方法、知识理解方面存在的问题。

小学低年级的家长，要多关注孩子良好的数学学习习惯的养成、正确的数学学习方法的引导、数学知识基础的夯实等方面，让孩子的数学学习能持续地良性发展。

算得慢、错得多、数感差

在数学学习中，计算的内容占有相当的比例，尤其是对于应试来说，计算速度和准确性决定了数学成绩。随着年级的升高，计算能力强和计算能力弱的孩子之间的差距越来越明显。计算能力强的孩子算得快而且准确率高，计算能力弱的孩子算得很慢还算不对，这一点就大大拉开了孩子之间的数学学习效率和数学学习成绩之间的差距。

因为孩子之间拉开差距不是一朝一夕的事情，是日积月累形成的。所以，关于孩子的计算问题，早发现、早干预、早解决最好。

不管你的孩子目前是几年级，提高孩子的计算能力是非常重要的事情。千万不能让计算成为孩子数学学习道路上的绊脚石。曾经有个女生，因为家长在她一、二年级时没重视 20 以内加减口算的训练，更没有重视她对乘法口诀的灵活掌握，等到她升入五年级以后，和分数相关的计算，她都算得慢且算不对。每次数学考试，都会因为计算扣很多分，数学成绩上到 90 分都很难了。升入初中以后，她的计算问题就更加严重了，数学学习的上升真的止于计算了。

孩子计算能力的形成与提高，主要靠孩子的勤奋努力和家长的督促。数学老师只能教方法和技巧，个别训练靠家庭。所以说，孩子长期计算不好，其主要原因是家长不重视或者孩子偷懒。

小学阶段的计算包括口算、笔算、估算、脱式计算、简便运算等。其中，笔算和口算是计算能力形成的基础。笔算就是常说的竖式计算，掌握了正确的计算方法即可。笔算要算得又快又好，口算和估算就要好。而口算要好，就一定要数感好。计算差的孩子，数感一定差。

所谓数感，是对数及和数有关的计算的感知。数感的形成是需要通过长期观察和训练的。和小学生计算能力相关的数感，需要通过对一些常用数的记忆和积累、计算熟练性和准确性的练习、和数与计算相关的想象训练等方式获得。具体来说，要训练小学生的数感，需要从以下几方面做出努力：

其一，通过记忆一些有意义的常用的数，建立大脑中的数据库。数据库的建立和形成，是数感的基础。记忆一些常用的数，就如同给计算机加载数据一样，可以增加计算机的使用价值和反应速度。孩子能准确熟练地记住一些常用的数，计算的速度和准确性就会大大提高。小学阶段要记忆的数有：20以内加减法中的数，乘法口诀中的数，分数、小数、百分数之间转化常用的数，圆周率的倍数，100以内的质数，一些质数的倍数，一些数的平方数等。

其二，通过多种形式训练增强数感。前面我们讲到要记忆一些常用的数，但是这些数的记忆不能只停留在机械记忆的水平。要通过正向、逆向等多种形式的练习，达到熟练掌握、灵活运用的程度。例如，数感不好的孩子，在做和乘法口诀相关的计算时，总是按照乘法口诀的记忆顺序，从头到尾把口诀背一遍才能得出答案。这样做不仅速度慢而且准确率低。等到了五年级学习分数计算时，就会有很大困难，导致不会做或做不对。

应该这样让孩子灵活掌握乘法口诀：让孩子能很快地说出乘法口诀中的数，能说全最好。然后，家长说出一个数，让孩子说出和这个数相关的口诀。再有，看到一个表内乘除法的算式，能迅速说出要用到的乘法口诀。还有，看到一句乘法口诀，能说出和这句口诀相关的乘除法算式。还有一些数，关联着多句乘法口诀，像12、18、24等。通过这样灵活多样的训练，孩子的数感增强了，做题速度和准确性也会大幅度提高。

其三，通过对数与数、数与算式、算式与算式之间进行联想。联想数与数、数与算式、算式与算式之间的联系，也是训练数感比较好的方法。

【例】用下列数列出算式。10、1、24、2、7、3、6、18、8、14、4、100、25。

孩子可以列出的算式有很多：$2\times3=6$、$18-8=10$、$2\times3\times4=24$、$100\div25\div4=1$……

经过我的抛砖引玉，相信家长们可以创编出更多的训练孩子数感的题目，让孩子的计算能力训练不再是简单机械的重复性计算练习，而是灵活多样的、充满乐趣的数感训练。

孩子算得慢、错得多，主要是数感比较差、计算不熟练造成的。家长可以通过多种形式对孩子进行数感训练，提高孩子的计算能力，从根本上解决孩子的计算问题。

最后，再次提醒孩子有计算问题的家长，计算问题是大事，千万不要拖延，要立刻解决孩子的计算问题。只要方法得当、持续坚持，就会收到很好的效果。

应用题读不懂就做不对

很多家长都和我说过这样的话：“我家孩子做应用题的时候根本不好好读题，经常读了一遍题就说不会做。等我给他读一遍题，他就会做了。有时候题做错了，我让他再读一遍题，他就知道错哪里了，然后就改对了。您说，这孩子不好好读题的毛病怎么才能改呢？”

因为读题的问题造成应用题不会做或做错的现象很常见。主要有下面两个原因：一是不认真读题，二是没有读懂题。

孩子长期不认真读题，会造成读不懂题的情况。所以，在孩子端正读题态度的基础上，帮助孩子读懂题意是关键。

孩子读不懂题和许多因素有关，孩子的识字量、语感、注意力、生活经验、分析概括能力等都会影响孩子准确全面理解数学题的题意。

数学题目中出现的文字，有相当一部分在小学语文课文中是没有学到的。许多识字量少的孩子，数学题目中出现的字都不认识，尤其是小学低年级的孩子，自主识字能力比较弱，在遇到不认识的字时，有些孩子要么瞎猜，要么忽略。如果被忽略的字是关键的字词，肯定会影响题目解答的正确性。

解决孩子识字量问题，有两个办法：一是间接的方法——加大孩子的阅读量，多读课外书，多识字；二是直接的方法——把数学题目中常用的字和词梳理出来，看看哪些字词孩子还不认识，家长可以提前教给孩子。建议两种方法并用，可以兼顾现状和未来。

语感关系到孩子对句子的理解是否准确到位。很多孩子在读题的过程中，句子的停顿都是错的，明显看出孩子不理解句意。数学题目中的一句话，在不同的地方停顿，句子表达的意思就会有所改变，题意也随之改变了。

要增强对数学题目文字的语感，最好的办法是让孩子像读课文那样大声读出来。有些家长在纠正孩子读题的问题时，让孩子默读题目，这种方法非常不可取。因为家长并不能了解孩子读题的情况，孩子有没有认真读、读得怎么样全然不知。如果让孩子出声读题，家长就可以了解孩子读题的态度如何、字音对不对、句子读得是否流畅等再指导孩子读题就可以有的放矢了。

把题读好之后，还有很关键的一步，就是理解题意。经常听到家长问孩子："这题是什么意思？"孩子通常是把题再读一遍。这是形式上的理解题意，没有任何作用。小孩子的理解概括能力有限，还不能做到用自己的语言把题意说出来，还需要在适度引导下理解题意。

该如何引导孩子理解题意呢？

【例】王师傅 4 小时生产某种零件 36 个。请问：照这样计算，王师傅 9 小时可以生产多少个零件？

在孩子读题后，家长可以问孩子："这道题你读懂了什么？哪些地方不懂？"大多数孩子会问："照这样计算，是什么意思？"家长可以反问孩子："你认为是照什么计算呢？"孩子大概率会回答："照 4 小时生产 36 个计算。"家长可以肯定孩子："你说得有道理。但如果照 4 小时生产 36 个算，能求出 9 小时生产多少个吗？"因为孩子此时还没有学习分数，肯定会回答"求不出来"。这时，可以启发孩子："由 4 小时生产 36 个可以求出什么呢？"这时，大多数孩子都会悟出照 1 小时生产多少个更便于求出 9 小时生产多少个。这是解题的关键。这是简单的归一问题，先归一再归总是解题的基本方法。在理解题目的过程中，解题方法也就出来了。要先求 1 小时生产的个数，再求 9 小时生产的个数。

理解应用题的题意还有一个很重要的因素，那就是孩子的生活经验。目前，很多应用题都和孩子的日常生活息息相关。如果孩子平时的生活经验匮乏，遇到这类题目就会束手无策，从而做错题。所以，在日常生活中，家长一定要让孩子多参与、多出力，多挖掘生活中的数学元素。例如，可以让孩子学习看水表、电表、燃气表，机动车的油表、里程表，了解出租车是如何计价计费的，还可以了解商场各种优惠活动，如打折、买几送几等活动。另外，和商家经营相关的进价、售价、利润、利润率等，小学高年级的孩子要有所了解。数学题目是与时俱进、紧贴生活的，所以，所有生活中的新生事物和数学相关的因素都可以挖掘一下，让孩子有所了解。

数学题中的题目要求也是孩子读题的一部分。要先充分明确题目要求，然后再做题。有些题目有多个要求，可以让孩子说一说题目要求干几件事，也可以用 1、2、3 等数字标注出不同的题目要求，然后逐一完成。例如，题目中要求圈一圈、画一画、说一说、算一算，这道题是四个要求，缺一不可，可是有些孩子只完成最后一个要求，前面的要求一个都没有做，当然这道题就不能得满分了。

解决孩子读懂题的问题，需要耐心细致，方法要得当，要有针对性。千万不能让孩子盲目地一遍一遍傻读题，这样做是自欺欺人，不会有效果的。家长可以参照前面的内容试一试，看看效果，相信你和孩子会有很大的收获。

MATH

05

小学阶段一定要掌握的数学思维

数学思维的四个根基缺一不可

如果把数学思维比作一棵大树，要想大树枝繁叶茂、屹立不倒，树根要坚实地深入土壤。通过多年的理论学习和教学研究我发现，数学思维有四个根基，缺一不可。

一、数学概念是数学思维的水源

数学概念既是数学思维的源头，也是数学思维的载体。数学概念是数学家数学思想的结晶。我们有很多孩子学数学不入门，不会数学思考，其中很重要的原因就是没有重视数学概念的学习、理解和掌握。这个问题，责任还真不全在孩子身上，和相当一部分老师和家长不重视或忽略概念的学习有很大关系。

什么是数学概念呢？数学概念是回答某类数学知识是什么的数学知识。例如，加法、减法、乘法、除法的意义，分数的意义，什么是三角形、平行四边形、梯形，什么是图形周长、面积、体积等。

数学考试对法则、定理、性质、公式等的考查显而易见，而对概念的考查多数都是隐性的，所以容易被忽视。殊不知，法则、定理、性质、公式等都是由概念衍生出来的，不掌握数学概念的话，孩子学的数学知识就是空中楼阁，没有根基或者根基不牢，导致数学思维不完整和不深刻。

所以，家长要想孩子具有较强的数学思维，首先要重视数学概念的学习和掌握。

二、帮助孩子构建数学认知结构

孩子的数学认知结构是数学思维发展的又一根基。有些孩子学了后面的知识就忘记了前面的知识，即“狗熊掰棒子”式的学习，其中很重要的原因，是孩子孤立地学习每一个数学知识，没有思考这些知识之间的联系，没有把知识穿成串、织成网，形成数学知识网络，没有建立起自己头脑中的数学认知结构。构建数学认知结构，可以训练和培养孩子的数学结构性思维，同时也便于孩子清晰灵活地理解和记忆数学知识。

那么，该如何构建数学知识网络呢？首先要找到一类知识的源头，构想一类知识下每个知识点的联系，了解数学知识发展的顺序，然后结合自己的理解构建知识网络图。不求千篇一律，只要没有知识性、结构性错误即可。

例如，四则运算的关系知识网络图（见图 1）。

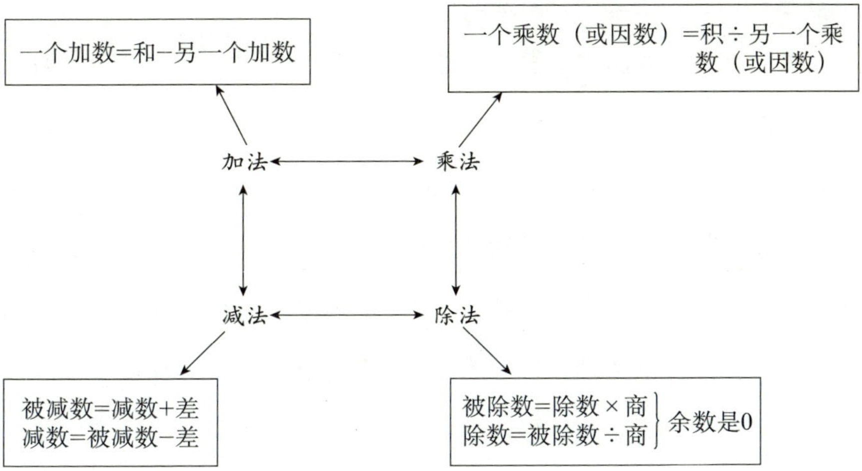

图 1

这张网络图，构建了四则运算之间相互转化的关系和每种运算中各部分之间的关系，便于孩子理解、记忆和联想。

三、利用好正反面角色——正迁移和负迁移

所谓迁移，是一种学习对另一种学习的影响作用。正迁移是指一种学习对另一种学习的积极促进作用。负迁移是指一种学习对另一种学习产生干扰、阻碍、抑制作用。无论是正迁移还是负迁移，利用好了，对孩子理解和掌握数学知识都有极大的帮助，更便于发现知识间的联系与区别，对建立良好的数学认知结构、辨析不同知识的本质区别、发展数学思维能力等起到积极作用。

该如何利用好正迁移和负迁移，帮助孩子更好地进行数学学习呢？

迁移包括知识的迁移、方法的迁移、形式的迁移等。

例如，多位数加减法运算可以通过正迁移进行学习。当孩子学习了两位数加减两位数后，后面三位数和四位数甚至更多位数的加减法运算，就可以利用正迁移进行学习。正迁移的依据是：相同的计数单位才能直接相加减，所以多位数相加减都要相同数位对齐。书写形式也可以正迁移，都是末尾对齐。到了学习小数加减法运算时，知识的迁移还是正迁移，和整数加减法运算一样的道理，相同的计数单位直接相加减，所以，相同数位对齐。但书写形式却是负迁移，小数加减法不能末尾对齐了，要小数点对齐。正迁移便于深挖知识的本质，使孩子数学思维具有深刻性。负迁移帮助孩子对知识进行辨识，提高对数学知识的分辨能力。

方法的迁移，包括学习数学知识方法的迁移和解题方法的迁移等。例如，学习三角形面积的计算时，是通过把两个完全相同的三角形拼成一个平行四边形的方法学习的。这种学习方法可以迁移到梯形面积的计算中，把两个完全相同的梯形拼成一个平行四边形，这是数学知识学习方法的迁移。另外，从一道题中探索积累的解题方法，可以迁移到另一道题中，这是解题方法的迁移。所以，家长们在辅导孩子数学时，可以引导孩子对题目的解题方法进行回顾和总结，以便学会解题方法的迁移。

四、将数学知识应用到孩子的日常生活中

发现生活中的数学，用数学思考生活，解决生活中的问题，是数学思维发展很重要的根基。让数学扎根于孩子的生活中，让数学伴随孩子的

成长。

在生活中，数学无处不在，孩子用数学的眼光看待生活会有不一样的体验。在用数学的眼光看待生活的同时，数学思维自然扎根于孩子的生活和成长中，可以让孩子用数学的方式记录自己的成长，如制作身高统计图表、体重统计图表，或者用统计图表分析各学科的进步情况等。还可以让孩子负责家里一天的生活，各项开支都让孩子计划、统筹并实施。家长只要引导孩子注重数学在生活中的应用，孩子就会潜移默化地在生活的点点滴滴中融入数学思维，孩子自然而然能够灵活地解决生活中的数学问题。

数学思维的萌发和发展，需要肥沃的土壤和枝繁叶茂的根基。以上四个根基缺一不可，在孩子的数学学习中，家长要注重打牢这四个根基。

数学抽象思维 1：数感和量感

数感即对数的感知能力，或者关于数量的直觉。具体来说，数感是理解数、理解抽象和具象之间关系的能力。

数感主要表现在以下几个方面：理解数的意义；能用多种方法表示数；能在具体的情景中把握数的相对大小关系；能用数来表达和交流；能为解决问题而选择适当的算法；能估计运算结果，并对结果的合理性进行解释。

培养数感，离不开数学抽象思维。例如，对数的意义的理解，家长绝不能写一些数，简单直接地告诉孩子，然后让孩子进行记忆和计算。这样做，不仅不利于孩子对数的理解，还严重干扰了孩子的数学抽象思维的形成和提高。在这里重点提出这个问题，是因为孩子在上小学前，家长都会教孩子认识一些数或者进行一些简单的计算。据我了解，大多数家长的教法都是前面所说的简单粗暴型的。殊不知，这种教法害处很多，会给孩子后面的学习造成很大的困扰。很多孩子出现数学学习困难，和家长的不当教法都是有直接关系的。

对数的意义的理解，一定要让孩子经历从数量到数的抽象过程，知道数是对数量的抽象。例如，1 是认识自然数的起点。应该引导孩子发现生活中大量的一个或一种数量，如一个苹果、一块橡皮、一个玩具、一把香蕉、一个家庭、一箱橘子等，然后从它们的数量抽象出可以用数字 1 来表示。如果在上述所列举的物品数量上再添加一个同样的数量，自然就引出 1 的后继数。依此类推，孩子会很自然地自主学习自然数列。这样的学习还渗透了数的本质是对数量多少的度量，自然数的计数单位是 1，自然数其实是表达有多少个 1。最后，将抽象再还原到具象中。写出一个自然数，让孩子说出这个数可以表示生活中的哪些数量。具象和抽象的切换，有利于孩子抽象思维的形成和提高。

家长可以比较一下，哪种学习方法更能激发孩子的求知欲，更利于孩子数学思维的形成，让孩子举一反三地学习数学知识。

量感主要是指对生活中的物理量的可测量属性及大小关系的直观感知，是对物理量的感受，是指视觉、触觉等感官对物体的规模、程度、速度等方面的感觉。

小学阶段，量感主要是指对长度、面积、体积、时间、质量、货币等的感性认识。

对物理量的计量，大体上可以分为两类：一类是用一个单位量去计量，如长度、面积、体积、质量、温度、时间等；另一类是必须用两个量进行计量，如速度等。

量感中的计量单位，主要是人借助工具得到的，是人实践的结果。所以，引导孩子建立量感，重点在于实践和体验。如果孩子没有相关的活动经验，量感的建立便无从谈起。

量感的建立，在孩子的数学学习过程中是个难点，希望引起家长的足够重视。

量感的建立，有下面几个要点：一是不同的物理量，用不同的计量单位计量。例如，线段的长度用长度单位、图形的大小用面积单位、物体所占空间的大小用体积单位等。二是对每种计量单位的大小形成头脑中的表象或者有具象的参照物。例如，1 厘米有多长？1 千克大约有几个苹果？等等。三是测量结果表示的是计量单位的个数。例如，3 千米是 3 个 1 千米；15 平方厘米是 15 个 1 平方厘米；等等。四是根据物理量的大小或多少，选择合适的计量单位。例如，橡皮的体积用立方厘米比较好；冰箱的体积用立方米比较好；等等。

最重要的是，在建立量感的过程中，一定要经历具象到抽象及单位统一的过程。例如，让孩子想办法描述一张桌面和一张纸的大小。孩子可能会想办法说，一张桌面能放多少个铅笔盒、一张纸能放多少块橡皮等。铅笔盒和橡皮就是孩子选择的计量单位或者说是测量工具，孩子有了单位意识，而且还有了根据不同的大小选择不同单位的意识。但是这样的测量法，并不能很准确地表示物体的大小，必须有一个比较准确的标准，而且标准还只能是一个，于是就引出了面积单位。孩子对面积量的感觉就初步形成了。

建立量感，有利于帮助孩子养成用定量的方法认识和解决问题的习惯，是形成抽象能力和数学应用意识的基础。

数学抽象思维 2：符号化思维

数学符号是数学语言，数学因为有了符号，才具有简明、抽象、清晰、准确等特点。符号既是数学语言，也是数学工具，更是数学思想和方法。

数学符号是高度抽象概括的，所以，孩子对数学符号的理解往往不很深刻，甚至有些认识偏差。那么，该如何帮助孩子建立符号化思维呢？

正确理解符号的意义

小学阶段主要需要认识的符号包括：数字符号——数字 0 ~ 9；运算符号——＋、－、×、÷、：（比号）、乘方；关系符号——等号、近似符号、不等于号、大于号、小于号、平行符号、垂直符号；结合符号——小括号、中括号、大括号、分数线；性质符号——正号、负号；未知数符号——用字母表示数的字母符号；等等。

以上各种符号中，孩子总把数字符号理解成数。许多孩子的头脑中有数的概念，却没有数字符号的概念，这也是孩子符号化思维淡漠的表现。孩子建立起符号化思维，这种现象就会得到纠正，并且对数字符号的理解也会更加深刻。应该让孩子认识到，0 ~ 9 的数字是组成数的符号，当它们在不同数位时，表示数的大小是不一样的。当这些符号在数位上时，便有了数的意义和大小。当孩子理解了这简单的 10 个数字符号可以表示任何不同大小的数时，孩子就会对数学的伟大感叹不已。我每每教到这里时，孩子都会对数学产生“不可思议”“简直太妙了”的感觉。低年级的家长可以通过用数字卡片摆不同的数的游戏，让孩子建立数字符号的思维，让孩子体验数是由数字符号组成的，相同的数字符号在不同数位上表示的数的大小不同。

深刻理解符号的作用

在实际教学中我发现，孩子们对符号的理解往往只是停留在形式上，他们不明白为什么很多数量关系都用符号表示。

一些家长也会发现，到了小学五年级学方程时，孩子会觉得很难，其中，用字母表示数尤其是孩子学习的难点。用字母表示数的难度之一是：孩子不理解一个字母到底可以代表几个数。在孩子的认知中，一般认为一个字母只能代表一个数，所以，孩子不认为用字母表示数有什么新的意义和作用。

该怎么解决这个问题呢？这种认知和孩子的数学对应思维的负迁移有

关。当我们学习用字母表示数时，要想办法让孩子认识到，一个字母可以代表一个数，更多的时候，一个字母往往代表一个数的集合。例如，小红的妈妈比小红大 30 岁，这里该如何表示小红妈妈和小红年龄之间的关系呢？孩子会说：如果小红 1 岁，妈妈就是 31 岁；如果小红 2 岁，妈妈就是 32 岁……说着说着，孩子会发现，这样说太麻烦了，总也说不完。这时，孩子迫切需要寻找解决办法，家长就可以启发孩子想一想可不可以用符号来表示。孩子大概率会想到用图形符号或字母符号来表示小红的年龄，进而可以发现这样表示太简单轻松了，小红哪年的年龄都表示出来了。

孩子对符号的作用理解深刻了，以后就会有意识地用符号解决问题。用字母表示了小红的年龄后，妈妈的年龄该怎么表示呢？孩子首先想到的是用另一个字母表示，但是，这样表示就把妈妈和小红的年龄独立开来了，也看不出它们之间的关系了。这时，孩子就会尝试用含有字母的式子表示妈妈的年龄，如果小红的年龄用字母 a 表示，小红妈妈的年龄就可以用 $a+30$ 表示，这个式子既表示了妈妈的年龄，也表示了妈妈和小红年龄之间的关系。

让孩子学会应用符号解决实际问题

在数学学习的过程中，家长要不断启发鼓励孩子用符号解决实际问题，这对提升孩子的抽象思维能力有很大帮助。

首先，可以把文字表达的公式定理等采用数字符号表示。例如，各种图形的周长、面积、体积公式等；各种运算定理；各种数量关系——加法、减法、乘法、除法各部分之间的关系；单价、数量、总价三量关系；速度、时间、路程三量关系；工作效率、工作总量、工作时间三量关系；等等。孩子会发现，用字母式子表示数学关系清晰、明了、简洁，好记忆。

其次，在解决一些用文字表示的问题时，用符号表示问题的主要内容，有利于更好地理解题意，也更便于解决问题。

【例】 甲数的$\frac{3}{5}$等于乙数的$\frac{5}{6}$，甲数和乙数的比是多少？

这个问题用字母符号表示更容易弄清楚二者之间的关系。将甲数用字母 a 表示，乙数用字母 b 表示。为了便于解决问题，可以用字母 c 表示乙数的$\frac{5}{6}$。先列出等式 $a\times\frac{3}{5}=c$，得 $a=c\div\frac{3}{5}=c\times\frac{5}{3}$。然后，把字母 c 换成 $b\times\frac{5}{6}$，等式 $a=b\times\frac{5}{6}\times\frac{5}{3}=b\times\frac{25}{18}$。再把“符号表示”改成“文字表示”，即甲数是乙数的$\frac{25}{18}$，则甲数和乙数的比是 25 ∶ 18。

符号化思维是非常重要的数学思维，利用符号化思维来解决数学问题，能使解题思路更加清晰简明，从而促进孩子抽象思维能力的培养与提高。

数学抽象思维 3：分类思维

类是由相同性质的事物组成的一个整体。分类就是把错综复杂的问题根据问题的性质进行综合归纳、分别研究、各个击破，从而使整个问题得到解决。

在日常生活和各个领域，分类思维应用广泛，孩子们并不陌生。在数学学习中，强化分类意识和思想，对于帮助孩子学好数学、提升数学思维品质有重要的意义。

分类思维的特征是有顺序、有层次、有条理、全面、有逻辑，分类思维对于培养孩子用理性思维和数学思维思考现实世界有举足轻重的作用。所以，家长务必重视孩子分类思维的训练和培养。

在数学学习的过程中，该如何培养和训练孩子的分类思维呢？

让孩子在日常生活中体会分类的意义和作用

在日常生活中，分类无处不在。例如，带孩子去超市购物时，可以教孩子了解不同类的物品摆放在不同的区域和货架上，体会分类带来的便捷和清晰。又如，带孩子去游泳时，可以让孩子了解不同的性别有不同的更衣室，从而体会分类的必要性。

当孩子体会到分类的必要性和意义后，家长可以带领孩子把分类思维应用到日常生活中。在整理书包和学具或整理衣物时，可以让孩子自己进行分类整理和收纳。这个过程中，孩子可以体会到分类标准的确很重要，分类时要能涵盖所有被分类的物体，同样的事物集体分类的标准不同，分类的结果就不同。让孩子体会分类是很灵活的，可以根据需要确定不同的分类标准。例如，对衣服的分类，可以根据季节分类，也可以根据穿着部位分类等。

从宏观角度让孩子认识到数学知识可以分类学习

首先，对于小学中高年级以上的孩子，要明确小学数学知识的四大领域：数与代数、图形与几何、统计与概率、综合与实践。明确了这四大领域，孩子就可以了解数学思维的特点，哪方面学得比较得心应手，哪方面学起来还存在困难。

对于每个领域的知识分类也有比较清晰的认识。例如，数与代数领域，包括数的认识、数的运算、数量关系、用字母表示数或者方程等；图形与几何，包括立体图形、平面图形，以及和图形相关的周长、面积、体积等。这样清楚的认识，有利于孩子建立清晰合理的数学认知结构。同时，要引导孩子用分类学习数学知识和处理数学问题的思维方式。

从微观角度让孩子在解答数学题时尝试用分类思维解题

很多数学题目都需要通过分类思维解答，而且有的题目只有通过分类思考才能很好地解答。例如，设计租船租车方案、数图形个数、组数、搭配等题目，都需要分类和有序思考才能保证把所有答案不重复、不遗漏地找出来。

【例】把一张 100 元的人民币换成零钱，现有足够的 10 元、20 元、50 元面值的人民币，共有多少种换法？

解答时，有很多种换法：可以按照一种、两种、三种面值进行分类有序思考。

一种面值：10 张 10 元、5 张 20 元、2 张 50 元，共有 3 种换法。

两种面值：思考顺序可以从尽量多用 10 元面值开始。

8 张 10 元、1 张 20 元；

6 张 10 元、2 张 20 元；

4 张 10 元、3 张 20 元；

2 张 10 元、4 张 20 元；

5 张 10 元、1 张 50 元；

共有 5 种换法。

三种面值：从只能有一张 50 元开始思考。

1 张 50 元、1 张 20 元、3 张 10 元；

1 张 50 元、2 张 20 元、1 张 10 元；

共有 2 种换法。

无论是从宏观还是微观的角度，引导孩子用分类有序的思维解决数学问题，对孩子以后的各科学习和生活工作都会有很大的帮助。

引导孩子用分类思维解决数学学习上存在的问题

每个孩子的数学学习都会存在不同的问题。这些问题大多数都体现在孩子的错题中，处理好、利用好错题，是提升孩子数学思维能力和提高数学成绩最直接、最有效的手段之一。不放过一道错题，对错题进行分类整理找错误原因，并进行有针对性的训练，会大大提高学习效率。这件事情是必须做的。对于低年级的孩子，家长可以帮助孩子完成；对于中高年级的孩子，可以让孩子独立完成。对错题进行分类并反思错误原因，然后各个击破，孩子在学习数学的道路上会越走越轻松。

不论在生活中还是在数学学习中，分类思维无处不在，应用广泛且重要，家长一定要重视。数学和生活相结合，培养和提升孩子的分类思维，对孩子的学习和生活的影响不可小觑，可以让孩子感受事半功倍的美妙。

数学抽象思维 4：集合思维

把指定的具有某种性质的事物看作一个整体，就是一个集合。常用的集合的表示法有列举法和描述法。在小学数学教材中，一般用封闭曲线直观地表示集合，以及集合与集合之间的关系，而曲线内部表示集合的所有元素。

从集合的角度研究和学习数学，便于在整体和部分及二者的关系上研究数学各个领域的知识，如小学数学中对数的认识就从自然数扩展到整数、分数等。

在小学数学学习中，如何给孩子渗透集合思维呢？

从生活中渗透比较好

数学中的集合思维，在生活中是可以寻到踪迹的。同类事物可以看作一个集合，如专门用来喝水的容器可以称为杯子，我们把不同材质、不同款式的杯子放在一起就是“杯子家庭”，类似于数学上说的集合。但完全一样的杯子在“杯子家庭”中只能出现一次，即一个集合中每个元素不能相同。可以引导孩子将生活中具有某种共同特性的事物组成“家庭”。对于年龄比较小的孩子，用游戏的方式比较好。

在小学低年级阶段加减运算中渗透集合思维

在小学一年级加法运算概念建立的过程中，可以渗透集合思维。用集合思维建立加法概念，孩子更容易理解。加法概念的灵魂是合起来。如何在孩子的头脑中留下形象深刻的印象呢？可以借助集合思维。

【例】 我有 4 根小棒，我的同桌有 6 根小棒。某天数学课上，我和同桌用我们所有的小棒搭了一个有三角形和正方形的小房子。我们一共用了多少根小棒呢？

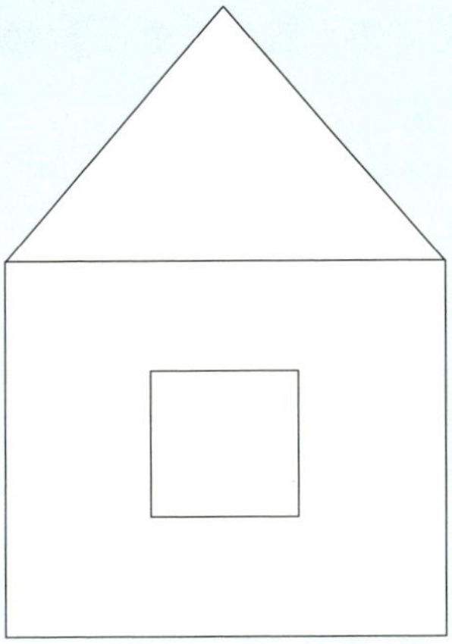

图 2

解决这个问题，就是要把两个人的小棒合起来。不妨把“我的小棒”和“同桌的小棒”看成两个不同的没有交集的集合，求它们的并集（见图3）。

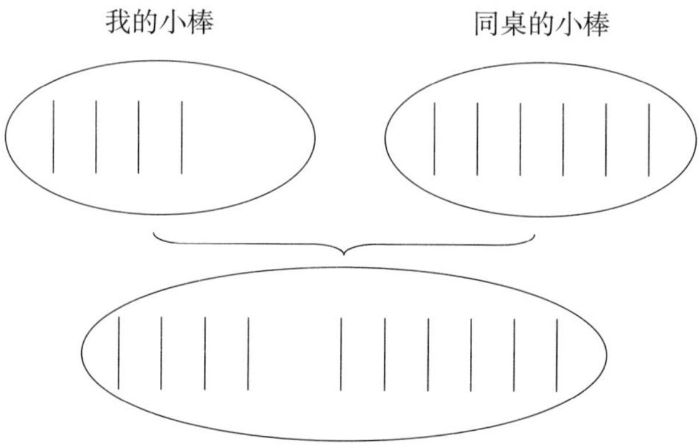

我们所有的小棒

4+6=10

图3

此时，家长可以让孩子闭上眼睛，在头脑中再现图3，形成表象，并同时说“把我和同桌的小棒都合起来，用我的小棒数加上同桌的小棒数”。把表象与加法概念相对应，是在帮助孩子理解和记忆加法的概念。孩子的概念会很清晰并记忆深刻。

在小学一年级减法意义的学习中，要渗透一一对应的数学思维，建立“同样多”的概念。

可以把被减数看作一个集合，把减数看作被减数的子集，然后求它们的差集。

【例】圆形有 9 个，三角形有 6 个。圆形比三角形多几个或者三角形比圆形少几个？

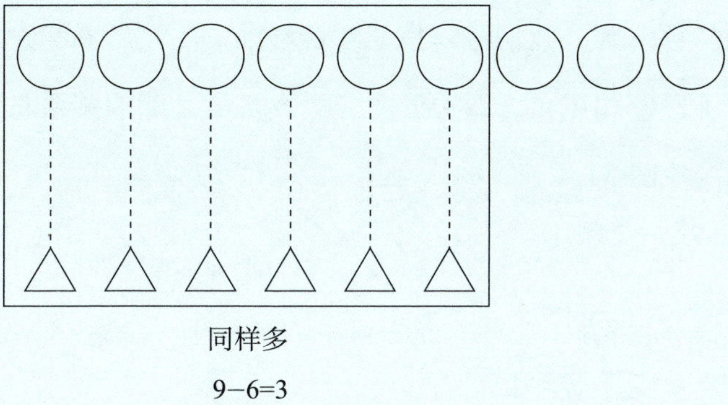

图 4

由图 4 可知，每个三角形元素在圆形中都能找到一一对应的元素，在圆形中，去掉和三角形同样多的元素，其他的元素就是这两个集合的差。在这个过程中，突出了减法的灵魂之一——去掉同样多的部分就是差。同样，也可以让孩子在头脑中再现图 4，形成具象，并同时用语言表达，从圆形的个数中去掉和三角形同样多的个数就是它们的差。

对于低年级孩子，在渗透集合思维的同时，学习加减法的意义，益处是很多的。家长们可以尝试一下。

在图形和数论知识的学习中渗透集合思维

小学阶段关于平面图形的学习，主要有三角形和四边形两大类。这里有一般三角形和四边形的认识，也有特殊三角形和四边形的学习。为了让孩子对所学的图形特征和图形之间的关系有比较清晰的认识，可以借助集合思维的渗透解决这个问题。例如，三角形有两种分类方式，即按角的特征和边的特征分类。我们可以借助集合思维，比较形象和直观地表示出来，便于孩子理解和记忆。四边形的分类及各类之间的关系与三角形同样的处理方式（见图 5）。

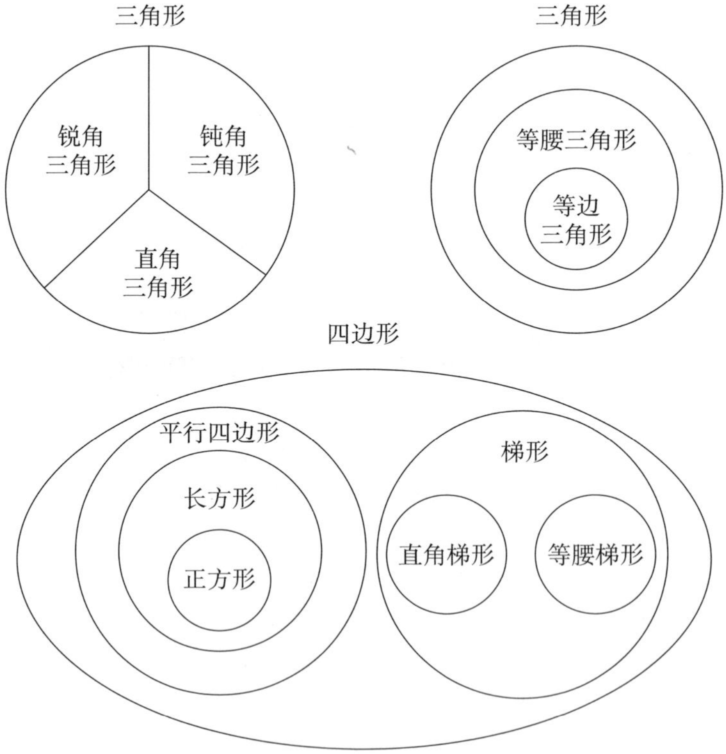

图 5

在小学高年级数论的学习中，交集的认识和学习是重点和难点。例如，用集合的形式表示 12 和 16 的公因数。图 6 列出了孩子易错的填法和正确的填法，供家长们参考。

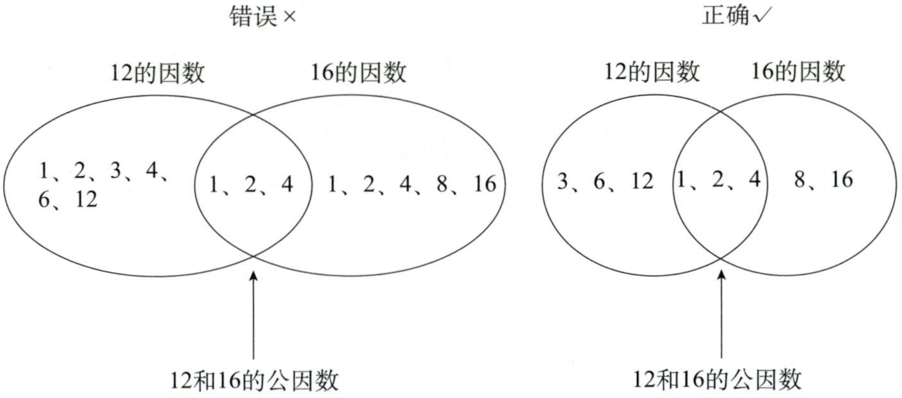

图 6

要让孩子明白，所谓的交集，就是两个集合共有的部分，不能重复填写。

重视小学数学学习中有关集合思维的专题训练

在小学高年级的学习中，会有对集合思维的专题训练内容，家长们要加以重视。

【例】六（2）班有 36 名学生，在“六一”儿童节活动中，参加歌舞表演的有 9 人，参加小品表演的有 12 人，两项节目都参加表演的有 5 人。六（2）班有多少人没有参加这两项节目的表演？

这是一道典型的运用集合思维作答的问题。可以根据题目内容画出集合图（见图 7）。

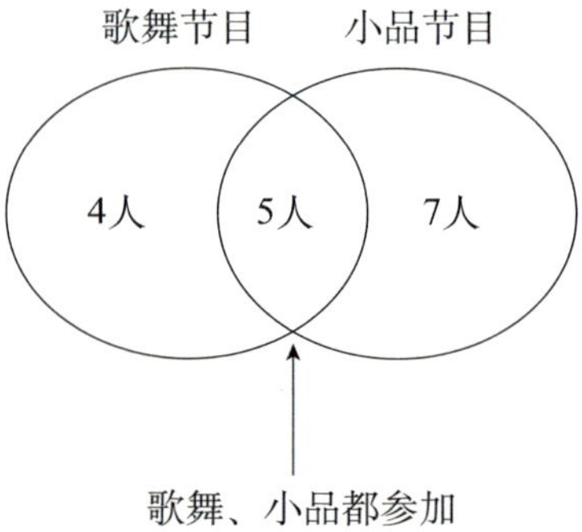

图 7

要注意的是，参加歌舞表演的 9 人分成了两部分：只参加歌舞表演的 4 人和两项都参加的 5 人。同理，参加小品表演的 12 人也分成了两部分：只参加小品表演的 7 人和两项都参加的 5 人。通过看图分析，孩子会发现两项都参加的人数重复数了一次，所以，参加两项的人数是：9+12−5=16（人），或者 4+5+7=16（人）。由此，没参加节目表演的人数是 36−16=20（人）。

集合思维是很重要的数学思维，家长要把握好时机，在生活中对孩子进行集合思维的渗透，为孩子以后的数学学习打下坚实的基础。

数学抽象思维 5：变中有不变的思维

客观世界千姿百态、变化多端，但是，变化中还存在着不变的规律。例如，季节的变化，以及植物、动物的生长和衰败等，都存在着不变的规律。同理，学习数学的过程中，会面对千变万化的学习对象，可以在变化中找到不变的性质和规律，从而发现数学的本质，这就是变中有不变的思维。

变中有不变的思维既是数学思维，也是哲学思想。用变中有不变的思维学习数学、解决数学问题，是在本质层面探索和研究数学，孩子对数学本身会越来越感兴趣，学习效率也会更高。换句话说，变中有不变的思维，能提升孩子内在的数学气质和素养。

变中有不变的思维，贯穿数学学习的全过程，家长可以从以下几个方面入手，培养和训练孩子的变中有不变的思维。

首先，学习很多数学定理和性质时，可以突出变中有不变的思维。例如，在学习商不变的性质时，要引导孩子抓住虽然被除数和除数都变了，可是商始终都不变这一点。在这里需要提醒孩子注意的是，被除数和除数发生什么样的变化商才不变。然后讨论，在有余数的除法中，被除数、除数发生同扩和同缩相同倍数的变化时，商不变，余数会不会变？还可以引申到商的变化规律，除了上述商不变的规律，被除数和除数发生变化时，商是怎么变化的？但是，即便被除数、除数、商这三个量都变了，还是有不变的规律可循的。

简算中，运算方法发生了变化，但是运算结果不变。运算定律是总结当运算方法发生什么变化时，结果不变。还可以让孩子研究为什么发生这样的变化，运算结果不变。否则，运算结果就会变。

在学习正反比例的意义时，更加突出了变中不变的思维。正比例突出的是商或比值不变，反比例突出的是积不变，如在单价、数量、总价的关系中：当单价不变时，数量和总价的变化规律是正比例关系；当数量不变时，单价和总价变化规律也是正比例关系；当总价不变时，单价和数量的变化规律是反比例关系。类推到其他三量关系中，也是同理，如速度、时间、路程，工作效率、工作总量等。在学习的过程中，可以让孩子自己探索在变化中有什么是不变的，逐步渗透变中有不变的思维。

其次，在图形的面积体积的学习过程中，渗透变中有不变的思维。例如，在研究三角形面积的时候，可以把两个完全相同的三角形拼成一个平行四边形，虽然形状和面积变了，但是底和高没变。当研究平行四边形面积时，把平行四边形割补成长方形，形状和周长变了，但是面积没变。还有：研究圆的面积时，形状变了，面积不变；研究圆锥的体积时，形状变了，体积不变。在这一系列的学习中，孩子会慢慢形成变中有不变的思维，并学会用这种思维解决实际问题。

最后，一些典型的题目也需要用变中有不变的思维解决问题。例如，找图形变化规律的题目（见图 8）：

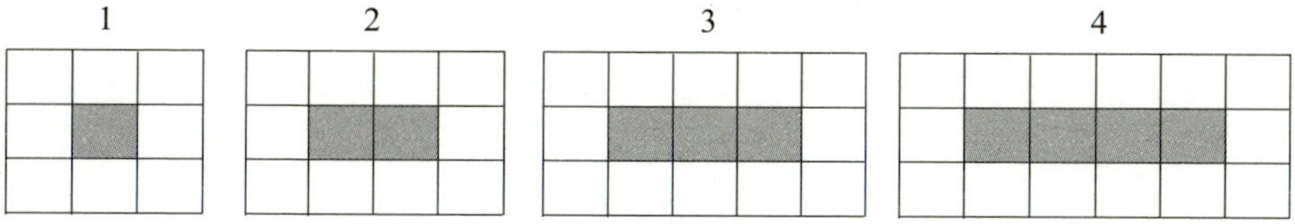

图 8

引导孩子用变中有不变的思维观察和思考，图中阴影方形个数变化了，变化和图形的序数一致。而白色的图形个数有变和不变，在阴影方形上方和下方图形个数变了，而在阴影图形左、右两侧的图形个数始终不变。根据观察思考的结果，把规律表示出来就不难了。

有些应用题需要用变中有不变的思维解决问题。例如，在年龄问题中，不管人们的年龄如何变，年龄差不变。还有根据和不变解决的题目。例如，哥哥和弟弟共有 45 张卡片，哥哥给弟弟 3 张后，哥哥的卡片是弟弟的 4 倍，哥哥和弟弟原来各有多少张卡片？哥哥给弟弟卡片的过程中，哥哥和弟弟的卡片数都变了，但是哥哥和弟弟的卡片数的和没有变。可以用 45÷（4+1）=9（张），9×4=36（张），求出弟弟和哥哥变化后的卡片数，再用 9 － 3=6（张），36 － 3=39（张），求出弟弟和哥哥原来的卡片数。

变中有不变的数学思维非常重要，而且应用广泛，许多较难的数学题目都需要用这种思想加以解决。变中有不变的思维，能让孩子在学习数学知识和解决数学问题的过程中形成探寻数学本质的意识和能力。长此以往，数学书会越学越薄，孩子对数学本身的兴趣会越来越浓厚，轻松高效学习数学将不是梦想。

数学推理思维 1：归纳推理、类比推理、演绎推理

数学学科的重要贡献在于培养理性思维和科学精神。数学思维和数学思想方法是理性思维的重要组成部分，数学的抽象、判断、推理是数学思维的基本形式，特别是推理，它是数学思维的核心。一方面，就人的思维能力构成而言，推理是重要的思维形式，推理能力是至关重要的思维能力之一；另一方面，推理在生活中应用广泛，与我们的生活息息相关，解决大事小情都需要我们的大脑进行推理判断。所以，通过数学学习，训练孩子的推理思维能力，非常有必要。

推理主要有归纳推理、类比推理、演绎推理三种。如何在数学学习中，培养孩子这三种推理思维能力呢？

首先，归纳推理，是从特殊到一般的推理方法。即依据一类事物部分对象的相同性质推出该类事物都具有这种性质的一般性结论的推理方法。

归纳推理分为完全归纳推理和不完全归纳推理。完全归纳推理是根据

某类事物中每个事物或每个子类事物都具有的某种性质，推出该类事物具有这种性质的一般性结论的推理方法。不完全归纳推理是通过观察某类事物中部分对象发现某些相同的性质，推出该类事物具有这种性质的一般性结论的推理方法。对于小学生来说，完全归纳法难度还是比较大的，我们主要讨论的是如何培养孩子的不完全归纳推理的思维能力。所以，后面说到的归纳法是不完全归纳法。

在小学数学的学习中，归纳法应用十分广泛。例如，找图形和数列的规律，四则运算法则的总结，加减乘除法简算的运算定律，因数和倍数，小数和分数的基本性质，比和比例的性质，图形面积、体积公式的推导等知识，都可以用归纳推理进行学习。

小学阶段的归纳推理，无论是运算律的归纳、法则的归纳、性质的归纳，还是公式的归纳、规律的归纳等，基本方式和过程都是通过操作、实验、观察、计算等进行猜想和探索，找到共同的特性并用数学语言进行总结概括。

例如，归纳分数性质时，可以通过图形直观，让孩子观察一个图形的$\frac{1}{2}$、$\frac{2}{4}$、$\frac{4}{8}$、$\frac{8}{16}$等，会发现它们都是相等的。这种观察是分子、分母同时扩大相同的倍数，分数大小相等。为了全面总结分数的基本性质，还可以让孩子观察一个图形的$\frac{9}{27}$、$\frac{3}{9}$、$\frac{1}{3}$，会发现它们也是相等的，这个过程是分子、分母同时缩小相同的倍数，分数大小相等。在此基础上，可以让孩子举出更多相似例子，孩子在大量实例面前，会发现共同的特性，并总结出分数的基本性质：分数的分子和分母同时乘以或除以相同的数（0除外），分数的大小不变。具体实例越充分，孩子的认可度越高，印象越深刻，越利于孩子归纳和总结。

其次，类比推理。类比推理是从特殊到特殊的推理。即依据两类事物的相似性，用一类事物的性质推测另一类事物也具有该性质的推理方法。例如，整数的运算律，小数和分数都可以与整数进行类比，得出小数和分数具有同样的运算性质。

类比法除了在日常生活中有广泛应用外，在数学中也有很多应用。通过类比，可以推理出很多数学结论，但要经过证明是正确的，才能成为数学知识。

在小学的数学知识中，可以用类比推理进行学习的有很多，例如，亿以内数的读写和万以内数的读写进行类比；多位数加、减、乘、除法的法则与一位数或两位数的加、减、乘、除法的法则进行类比；小数、分数的运算法则和整数的运算法则进行类比；图形周长、面积、体积概念、公式等进行类比；百分数应用题与分数应用题进行类比；等等。

以上内容的类比，大致分为概念类比、性质类比、法则类比、定律类比、代数与算数的类比、空间与平面的类比、曲与直的类比等类型。

适合类比思考的数学知识，也适合通过迁移学习。可以用类比推理进行学习的知识有很多，如万以上数的读写可以和万以内数的读写进行类比学习。以大数 190040800403 的读法为例，如何进行类比学习呢？可以让孩子把这个数和万以内多位数的读法进行类比学习。让孩子先将这个数分级：个级是 0403，万级是 4080，亿级是 1900。通过类比发现，万以内的数只含有个级的数，万级和亿级的数都是由四个数字组成的数。可以让孩子尝试用类比法说说每一级的数应该怎么读。孩子可以很快读出个级的数是“四百零三”，那么4前面的0到底读不读呢？类比万以内数的读法，中间的0要读，这个0是万级和个级中间的数，需要读出来。因此，个级的数读作“零四百零三”。万级的数类比万以内数的读法，读作“四千零八十”。那么，万级数和个级数怎么区分呢？个级数表示的是多少个一，万级的数表示的是多少个万。为了区别，万级的数要读出“万”，表示计数单位，读作“四千零八十万”。同理，类比亿级的数和万级的数读法一样，只是计数单位不同，读作“一千九百亿”。个级数按照前面学过的读法，省略计数单位，不读计数单位。这个数的完整读法是“一千九百亿四千零八十万零四百零三”。至此，孩子不仅学会了万以上数的读法，也学习了用类比思维学习数学的方法。同理，万以上大数的写法也可以和万以内数的写法进行类比学习。

这种类比推理思维实现了知识的正迁移，同时也避免了负迁移。为了提升孩子的思维水平，可以让孩子对类比思维学习进行深度思考，发现类比思维的核心是挖掘知识间的一致性。

最后，演绎推理。演绎推理需要有两个前提和一个结论，也被称作直言三段论，简称“三段论”。其中，大前提是指已知的一般原理，小前提是指要研究的特殊情况，结论是根据一般原理对特殊情况的判断。也可以说是从一般到特殊的推理，是与归纳推理相对的推理。

演绎推理的核心是：一类对象全部具有或不具有某属性，那么，对该类的部分对象也具有或不具有某种属性进行判断和得出结论。

在数学教材和数学学习中，根据实际情况，当两个前提中的某个前提不言自明时，可以省略一个前提。在小学数学中，很多演绎推理都是以省略形式存在的。

小学数学中，很多知识可以应用演绎推理进行学习。例如，三角形内角及多边形内角和的推导；正方形、平行四边形、三角形、梯形、圆面积的公式推导；正方体体积公式的推导；大小比较；恒等变形、等量代换；等等。

只有归纳推理和演绎推理实现有机统一，小学生才真正具有了抽象逻辑思维能力。例如，对三角形内角和的推导。通过对多个不同类型的三角形内角和的研究，不管通过什么方式——量角度、把角撕下来等，内角和都是 180 度。这是归纳推理得出结论：三角形的内角和是 180 度。然后，可以通过给出一个三角形两个内角的度数，求出第三个角的度数。这里是演绎推理，因为是三角形，所以内角和是 180 度，用 180 度减去两个已知角的度数，就得到第三个角的度数。还有很多小学数学中的判断题需要用到演绎推理。例如，2 的倍数是偶数，4 的倍数、8 的倍数是不是偶数呢？解决这个问题时，可以用归纳推理，举出很多具体实例，归纳出结论。显而易见，比较麻烦，而用演绎推理比较简单。4 的倍数是 2 的倍数的 2 倍，8 的倍数是 2 的倍数的 4 倍，根据偶数的倍数还是偶数得出结论。

推理是非常重要的数学思想方法，上述三种主要推理方法，在孩子的数学学习中，家长可以适时引导孩子进行灵活运用。需要注意的是，小学生的推理思想的培养，大多数不要求非常严谨的推理证明，孩子只要能适时、适度、简单灵活运用即可。

数学推理思维 2：转化思维

当直接应用已有知识不能或不易解决数学问题时，往往会将需要解决的问题转化形式，把它变成能够解决或好解决的问题，最终使问题得到解决，这种思想方法是转化思维，也称作化归思维。

在小学数学中，数学知识的呈现是一个由易到难、由简到繁的过程。在学习新数学知识、解决新问题时，往往需要把新知识、新问题转化成熟悉的知识和问题，通过繁到简、难到易、未知到已知等转化，从而使问题得到解决。这个过程运用的就是转化思维。

转化思维是常用的一般的数学思维，是解决很多难题的“金钥匙”。孩子具有转化思维，会用转化思维学习数学知识、解决数学问题，是非常有意义且重要的。转化过程中，需要遵循数学化、熟悉化、简单化、直观化等原则。

小学数学教材中的很多知识都可以用转化思维进行学习。例如，整数、小数、分数、负数的意义；整数、小数、分数四则运算的意义；加、减、乘、除四则运算各部分之间的关系；运用各种运算律进行简算；植树问题；鸡兔同笼问题；用线段图、图像、图表等直观图表示数量关系解决问题；实际问题转化为数学问题；一般问题变为特殊问题；未知问题变为已知问题；多边形内角和；平行四边形面积、三角形面积、梯形面积、圆面积、组合图形面积的求法；正方体、圆柱、圆锥体积的求法；用不同的统计图表表述各种数据；用不同形式表示可能性、大小；等等。

小学数学中的大部分知识都需要用转化思维来解决，因此在数学学习过程中，引导孩子用转化思维探索学习新知识非常必要。也可以说，不会转化思维学习数学的孩子，数学知识会学得支离破碎、不深刻，或者说，数学学习基本上没有入门。

那么，如何引导孩子用转化思维学习数学呢？

其一，引导孩子把抽象问题转化为直观问题。数学最大的特点是抽象，而小学生的思维以形象直观思维为主。把抽象的问题转化为直观形象的问题，更适合孩子的思维特点，更有利于孩子学习数学知识、解决数学问题，如小学教材中安排的搭配问题。

【例】有馒头和米饭两种主食，有宫保鸡丁、土豆烧牛肉、鸡蛋西红柿三种炒菜。一种主食搭配一种炒菜是一种套餐。这些主食和炒菜可以搭配多少套餐？

这个问题用文字表达比较抽象，可以启发孩子用直观的形式表达并解决问题。孩子的方法可能有很多，下面介绍一种供家长参考（见图 9）。

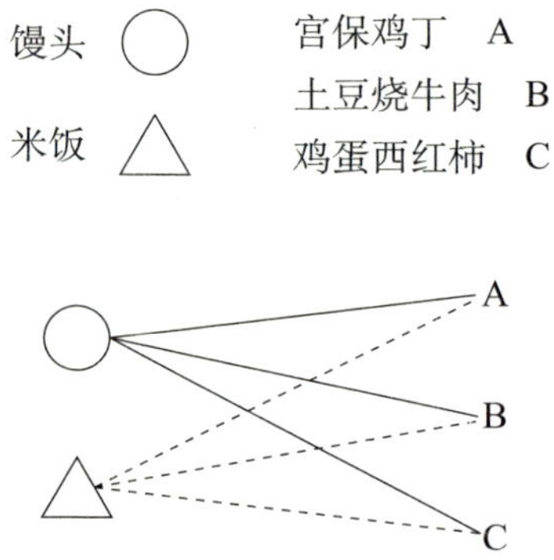

图 9

用不同的图形代表两种主食，用不同的英文字母代表不同的炒菜。这样，就把抽象的问题转化为直观的问题了。可以引导孩子通过连线解决问题，每一种主食都可以搭配出三种套餐。所以，两种主食就可以搭配出 $3\times2=6$（种）套餐；或每一种炒菜都可以搭配出两种套餐，这样是 $2\times3=6$（种）套餐。

其二，引导孩子把复杂问题转化为比较简单的问题。有些数学问题比较复杂，若直接解答，比较烦琐且不容易做对，这时可以将复杂问题适当转化，变成比较好思考的简单问题来解答。例如，写出 36 的全部因数。这个问题如果直接回答，就需要想 36 可以被哪些数整除，即商是整数而没有余数。这样思考是根据因数和倍数的概念，想起来比较烦琐，孩子的思路容易混乱。而利用转化思维和逆向思维，可以这样想：两个整数的乘积只要是 36，这两个整数就都是 36 的因数，这个问题就比较好解答了。因为 $36=1\times36=2\times18=3\times12=4\times9=6\times6$，需要从 1 乘几、2 乘几……进行有序思考，直到乘数与前面的乘数出现重复，就不需要继续想了，因数就找全了。所以，36 的因数有：1、2、3、4、6、9、12、18、36。

其三，引导孩子把实际生活问题转化为特殊的数学问题。数学来源于生活并应用于生活，应用数学知识解决生活问题是每个孩子必备的能力。实际生活问题，需要和数学知识联系起来，转化为数学问题，才能用数学知识来解答。

【例】新年联欢会，张老师为同学们买了 2 千克苹果和 3 千克梨，共花了 77 元。李老师为同学们买了同样价格的 1 千克苹果和 2 千克梨，共花了 45.5 元。每千克苹果和每千克梨各多少元？

这个问题貌似是生活中的单价、数量、总价的问题，但如果直接用生活中的单价、数量、总价三量关系来解答，是解答不出来的，因为题目中的总价是两种水果的总价。所以，需要对题目进行变形转化，用数学的等式把文字叙述表达出来，即 2 千克苹果的价钱 +3 千克梨的价钱 =77 元，1 千克苹果的价钱 +2 千克梨的价钱 =45.5 元。比较两个等式的不同，发现它们的不同在于张老师比李老师多买了苹果和梨各 1 千克，所以多花了 77 元 −45.5 元 =31.5 元，得到第三个等式：1 千克苹果的价钱 +1 千克梨的价钱 =31.5 元。再用第三个等式和第二个等式比较，发现第二个等式比第三个等式多了 1 千克梨，所以 1 千克梨的价钱就是 45.5 元 −31.5 元 =14 元，然后求出 1 千克苹果的价钱就是 31.5 元 −14 元 =17.5 元。这个问题通过把实际生活中的问题转化成数学中的等式消元法，或者转化成数学中的比较“同与不同”的方法，从而解决了问题。

其四，引导孩子把未知的问题转化为已知的问题。对于正在学习数学的孩子而言，很多新知识或新问题，都可以利用转化思维，变成自己熟悉的已知的知识或问题，从而进行学习或解决。例如，学习了长方形的面积后，再学习平行四边形面积时，可以将平行四边形转化成长方形，通过已知的长方形面积公式，探索未知的平行四边形面积公式。又如，学习了分数乘除法应用题后，按比分配的问题就可以转化成分数乘法问题来解决。

转化思维，是基本的常用的数学思维方法。当学习新知识、遇到新问题、解决生活问题或复杂问题时，都可以引导孩子尝试用转化思维对问题进行必要的变式变形，使问题得到解决。

数学推理思维 3：数形结合思维

数形结合思维就是通过数和形之间的对应关系和相互转化来解决问题的思维方法。数和形之间有着既对立又统一的关系，在一定条件下可以相互转化。这里的数主要是指数、代数、方程、函数、数量关系等，这里的形主要是指几何图形和函数图像等。

数形结合的核心是代数和几何的对立统一和完美结合。在运用过程中，要善于把握什么时候运用代数方法解决几何问题是最佳的，什么时候运用几何方法解决代数问题是最佳的。其中，包括两个方面：以形助数和以数解形。

小学生的思维以形象直观为主，抽象逻辑思维能力还不强，但数学学习过程中又不得不面对数学知识比较抽象的现实问题。这种小学生思维特点和数学知识特点之间的矛盾，使得很多孩子学习数学时感觉难度大、不好理解，造成对数学学习的畏惧心理。引导孩子学会用数形结合的思维学习数学知识、解决数学问题，能帮助孩子很好地解决数学抽象的问题，让孩子感到数学不难、数学有趣，从而爱学数学、会学数学。数离不开形，形离不开数，数形结合思维对孩子学习数学意义重大。

小学数学的学习过程中，经常需要用到数形结合思维。如数的认识、数的计算、比较难或复杂的实际问题等，经常需要借助图形来理解和分析。又如，几何的知识学习，很多时候只凭直接观察不能看出规律和特点，也需要利用数形结合思维，用数或数的计算来探索规律和发现特点。

家长该如何引导孩子用数形结合思维学习数学呢？

其一，利用数形结合思维认识数和数的运算。如数的认识：在孩子通过数一数等操作进行了数的认识后，还可以进一步利用数轴帮助孩子认识数及数的大小。例如，在数轴上，原点 0 右边的一个长度单位的数是 1，数 1 的点右侧一个单位长度的数是 2，依此认识数 3、4、5……还可以通过数轴比较数的大小，可以发现数轴上右边的数比左边的数大。数的运算也可以通过数轴来理解：2+3 即从 2 开始向右数 3 个单位长度，8−5 即从 8 开始向左数 5 个单位长度。利用数轴将抽象的数与形象的数轴相结合，孩子能更好地理解和掌握数的意义和数的运算的算理和算法。

其二，利用数形结合思维学习图形的周长、面积、体积等。如在学习圆的周长时，只通过观察，很难发现周长和直径的关系，此时，利用数形结合思想，通过测量和计算，发现圆的周长总是直径的 3 倍多，也就发现了圆周率的存在。又如，探索长方形面积和长方体体积时，可以利用数形结合思维，先用单位测量，然后计算，总结出计算公式。

其三，利用数形结合思维解决较难或较复杂的计算题。

例：$\frac{1}{2}+\frac{1}{4}+\frac{1}{8}+\frac{1}{16}$

这道题，如果直接计算，也可以算出来，但是太麻烦。此时，可以利用数形结合思维，通过画图来理解和计算并总结规律（见图10）。

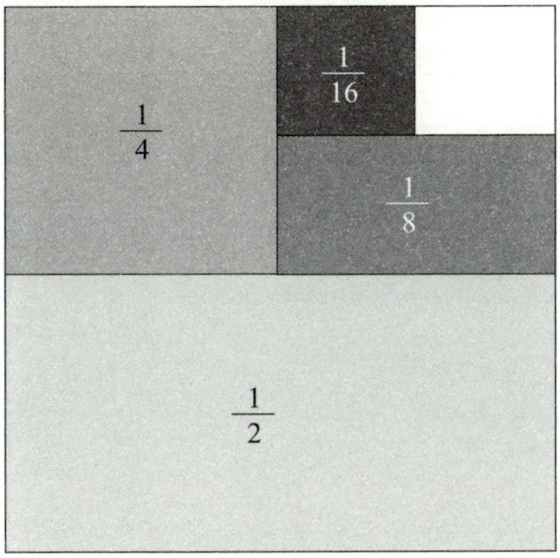

图10

图10中，用一个正方形代表1，其中阴影部分就是算式的结果，即几个分数的和。孩子可以看图逆向思考，用1减去空白部分就是阴影部分，即 $1-\frac{1}{16}=\frac{15}{16}$。也可以总结计算方法：$\frac{1}{2^1}+\frac{1}{2^2}+\frac{1}{2^3}+\cdots+\frac{1}{2^n}=1-\frac{1}{2^n}$。一道较复杂的计算题，利用数形结合思维，就变得简单了，同时也找到了这类题目的规律，并且理解到位、记忆深刻，孩子只要看到这样的题目，脑海中就会出现图形的表象。

其四，利用数形结合思维解决比较复杂的实际问题。用画图的方式理解题目中的数量关系，是小学常用的方法。可以说，孩子如果会用画图的方式正确表示题目中的数量关系，应用题的解答是不会有太大问题的。反之，如果孩子不会用画图的方式表示题目中的数量关系，或者表示不正确，便会在解答应用题的时候出现不同的问题，尤其是难题和附加题，会把孩子难倒。

在小学数学中，较复杂的倍数应用题、和差应用题、分数百分数应用题等，都需要孩子通过画直观的线段图，发现题目中隐含的数量关系，从而使问题得到解决。

【例】 龙一鸣参加六年级春季徒步活动。当他超过中点 1.2 千米时，还剩全程$\frac{2}{5}$的路程，这次春季徒步活动的全程是多少米？

解决分数应用题的关键是：找到数量和倍数的对应关系。像这样的问题，只通过理解文字找对应关系比较难，也找不准。此时，利用数形结合思想画线段图找对应关系更容易些（见图 11）。

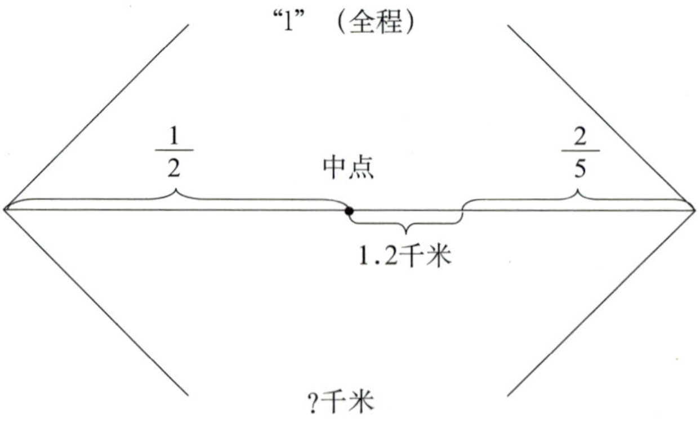

图 11

从图 11 可以看出，1.2 千米对应的倍数是（$1-\frac{2}{5}-\frac{1}{2}$）或（$\frac{1}{2}-\frac{2}{5}$），从而使问题得到解决。即全程是 $1.2 \div \frac{1}{10}=12$（千米）。

数形结合思维是小学数学常用的数学思维，也是每个孩子必须掌握的数学思维方法，需要灵活应用解决数学问题。家长务必在孩子学习数学的过程中加以引导和指导。

数学推理思维 4：几何变换思维

几何变换是一种重要的思维方法，是用运动变化的观点来处理孤立静止的几何问题。

在小学数学中出现的几何变换主要有相似变换和合同变换。合同变换也可以看作特殊的相似变换。教材中的比例尺、图形的放大与缩小都属于相似变换，而平移、旋转和轴对称则属于合同变换。

小学数学教材中的一些知识，需要利用几何变换的思想进行学习。例如，轴对称图形，图形的平移、旋转，平行四边形、三角形、梯形、圆的面积公式的推导，比例尺，图形的放大和缩小，利用平移、旋转、轴对称设计美丽图案等知识，都需要利用几何变换思维进行学习。

几何变换思维是孩子学习几何知识非常重要的法宝，家长一定要引导孩子学会利用几何变换思维学习数学知识、解决数学问题。

具体来说，家长该如何做呢？

其一，帮助孩子把各种几何变换的概念弄清楚。平移变换：图形平移变换，就是把一个图形变换成一个新图形，这两个图形完全相同，并且两个图形上的对应点所有连线平行且相等、方向一致。要强调的是，图形平移运动不用关心平移路线是水平、竖直还是弯曲的，只关心图形变换后的结果即可。即对应点连线平行、相等并方向一致。孩子对概念掌握到位，对于容易混淆或不好判断的图形变换就能清晰判断了。

【例】 生活中摩天轮坐舱的运动是平移还是旋转？

有的孩子判断是平移，也有的孩子判断是旋转，争议比较大。根据平移概念中的两个要点判断，摩天轮坐舱的运动是平移而不是旋转（见图12）。

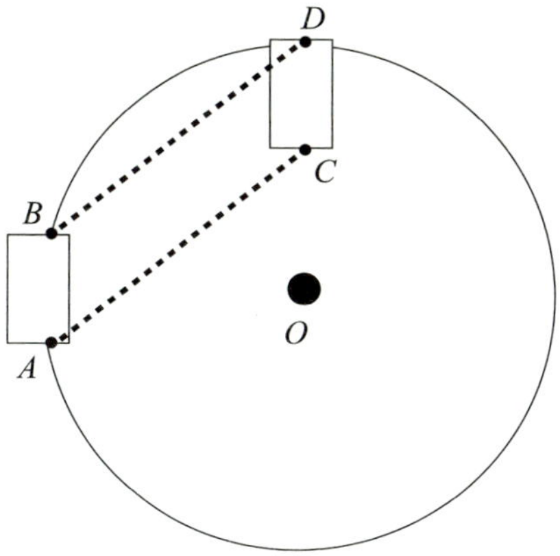

图 12

图 12 中摩天轮座椅两个位置之间一组对应点 A 和 C 连线 AC 与另一组对应点 B 和 D 连线 BD 方向一致、平行且相等，所以摩天轮座椅的运动是平移。清晰的概念是解决问题的有力依据。

旋转变换：和平移变换一样，变换前后的图形是完全相同的或者说是全等的。旋转有三要素：旋转中心、旋转角度、旋转方向。小学阶段，主要需掌握 90 度旋转。旋转的核心是旋转前后对应线段的夹角度数是相同的。就 90 度夹角图形而言，旋转前后其对应线段的夹角都是 90 度。

轴对称变换：轴对称说的是两个图形之间的关系，而轴对称图形是针对一个图形而言的。轴对称的核心是具有轴对称关系的两个图形中对应点到对称轴的垂直线段长度是相等的，而轴对称图形是一个图形沿某一条直线对折后，两部分能完全重合。折痕所在直线就是这个图形的对称轴。(见图 13)

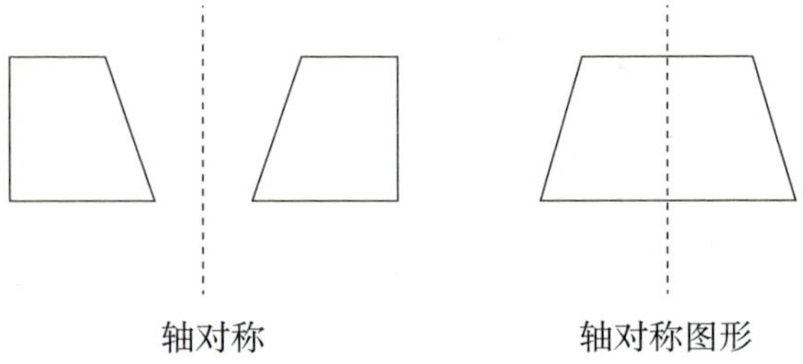

图 13

相似变换的核心是，变换前后的图形中所有对应线段的长度比是一致的。图形只是变大或变小了，但形状相对来说并没有变化。

其二，家长需关注孩子画图的方法是否正确。几种几何变换题型都会涉及画图问题，画图需要孩子掌握正确的方法。例如，轴对称题需要孩子画出已知图形关于某条对称轴的对称图形，这里需要孩子把握轴对称的核心，即对应点到对称轴的垂直线段长度相等。这里的易错点是，有些孩子会把轴对称画成平移，这是没有把握轴对称的核心所致。具有轴对称关系的两个图形是反射关系，也叫反射变换。通俗来说，轴对称关系的两个图形是反着的。孩子还需要判断已知图形是不是轴对称图形，并能画出所有对称轴，如长方形、正方形、等腰三角形等都是轴对称图形。此外，还需要判断较复杂的图形是不是轴对称图形，要通过观察和想象，在头脑中将图形对折来确定是不是轴对称图形。

旋转需要确定旋转中心，旋转中心的位置固定不变。旋转方向有顺时针和逆时针，有些空间想象较弱的孩子，容易把两种旋转方向搞混。解决办法是让孩子把顺时针或逆时针方向的旋转完整地画出来（见图 14）。

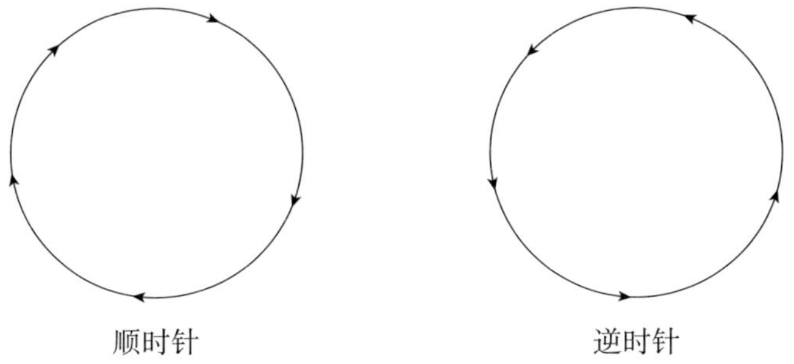

图 14

旋转角度的核心是一定找到对应线段的夹角，夹角的度数就是旋转角度。

平移的核心要点是平移方向、距离。有些孩子在平移时，对应点找错了，会造成平移距离错误，家长应指导孩子先找好对应点，然后让对应点平移，整个图形就完成了平移。

相似变换的图形放大和缩小相对简单，大多数孩子画图时都不会有问题，每一条线段都按同比同扩或同缩即可。

其三，指导孩子用几何变换思维学习数学知识、解决数学问题。在学习图形知识、解决较复杂的图形问题时，几何变换思维应用广泛且非常重要，家长务必重视。在推导图形面积公式时，可以理解为图形通过几何变换变成新图形，从而探索面积公式。例如，推导梯形面积公式时，可以理解为一个梯形经过旋转平移变换后和原图形组成一个平行四边形（见图 15），也可以通过图形的一部分旋转平移转化成三角形（见图 16）。

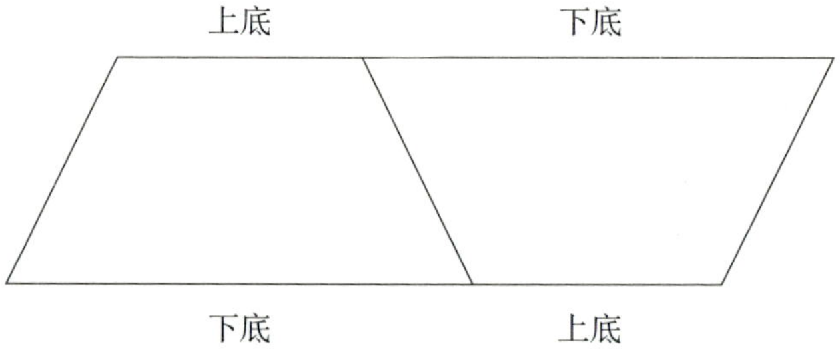

图 15

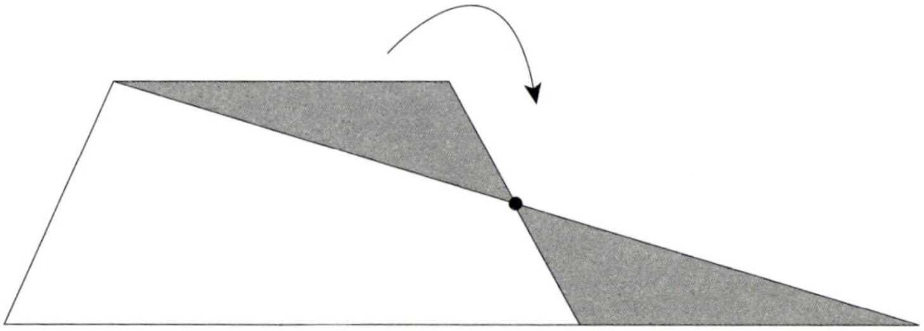

图 16

在求较复杂的图形的周长、面积、表面积时，应用几何变换思维解题，会使复杂问题简单化，孩子也会很感兴趣。同时，也可以为初中的几何证明题的学习打下很好的基础。例如，求图形的周长。需要把不规则的线段通过几何变换思维，平移后转化成求长方形的周长（见图 17）。

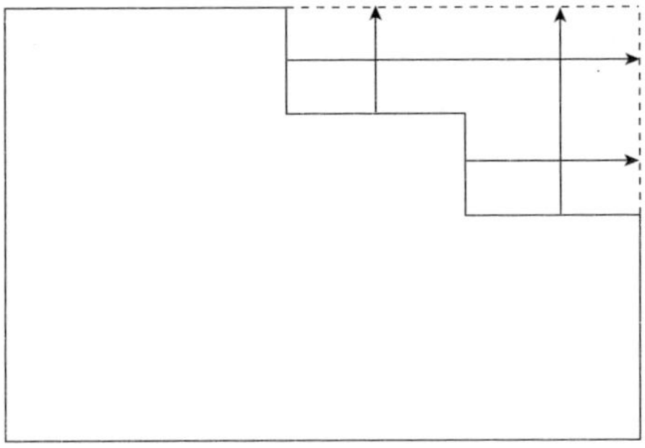

图 17

又如，求阴影部分的面积。可以利用几何变换思维，通过旋转，把分散的几部分阴影聚拢后得到大圆面积的$\frac{1}{4}$（见图 18）。

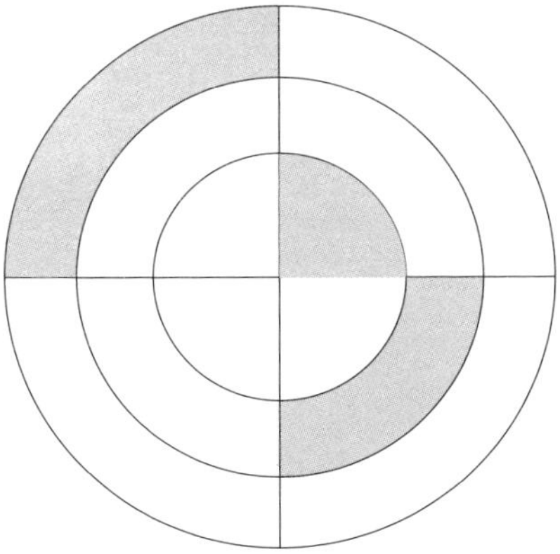

图 18

再如，求图形的表面积（见图 19）。可以利用几何变换思维，让上面小圆柱的上底面向下平移到大圆柱的上底面上。通过整合，此图形的表面积就转化为大圆柱的完全表面积和小圆柱的侧面积之和。这类型题目，如果不用几何变换思维解答，孩子做起来会既麻烦又易错。

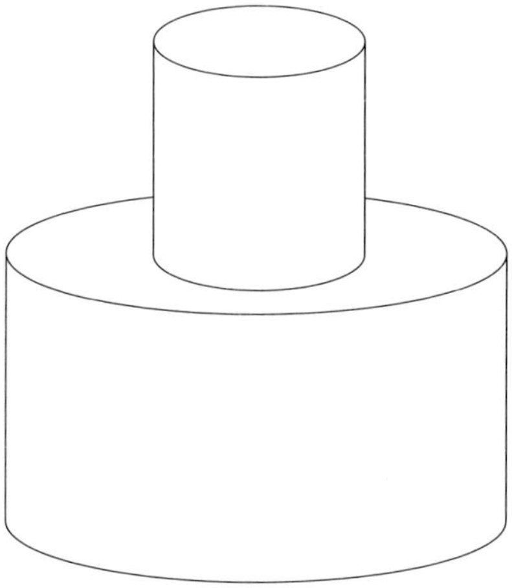

图 19

几何变换思维非常重要，尤其是在学习八年级的几何证明题时更加重要。因此，从小学打下坚实的基础是必要的。几何变换知识，分散在不同年级的数学知识体系中，家长要多关注每学年的学习内容。

学好数学要培养模型思维

数学模型是用数学语言概括或近似描述现实世界事物的特征、数量关系和空间形式的一种数学结构。模型思维注重数学应用，即通过数学结构化解决问题。

数学学习过程中建立和求解模型的主要过程是：先将生活问题数学化，然后通过探索研究建立数学模型，最后利用模型求解验证。即问题情境—建立模型—求解验证。

建立模型是数学应用和解决问题的核心

小学数学中很多知识的学习过程都是数学建模的过程。例如，认识自然数列，用数轴表示数，加、减、乘、除法的概念的建立，各种运算定律，方程的认识，各种数量关系，用字母表示各种图形的周长、面积、体积公式，统计图和统计表，等等。

模型思维和符号化思维的共同之处是都要经过抽象后用符号和图形表示数量关系和空间形式，但是模型思维更重视联系生活，主要通过创设真实情景、构建模型、应用数学知识解决生活中的各种问题。

在小学数学学习中，数学建模主要包括两种情况。

其一，让孩子经历类似数学家建模的再创造过程。例如，探索长方形面积公式时，孩子从长方形、正方形、三角形、圆形、梯形、平行四边形等小图形中，选择能将大长方形铺满而没有空隙和重叠的小图形。孩子在探索时会发现，正方形比较合适，再根据每行和每列正方形的个数即求出一共需要的正方形个数。假设每个正方形的边长是 1 厘米，每行有几个正方形，长方形的长是几厘米，有几列这样的正方形，长方形的宽就是几厘米。

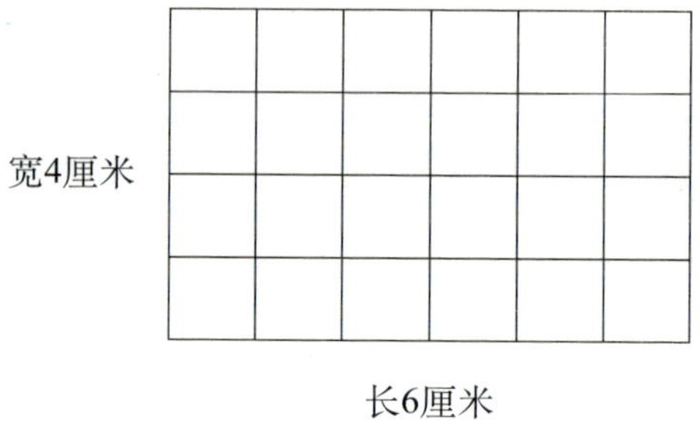

图 20

图 20 中每行有 6 个小正方形，长方形长是 6 厘米；有 4 列这样的小正方形，长方形的宽是 4 厘米。整个长方形密铺了 6×4=24（个）小正方形，所以长方形的面积是 24 平方厘米。因此，可以构建数学模型：长方形的面积 = 长 × 宽，即 $S=ab$。然后，可以用不同的长方形进行计算来验

证这个模型。在学习新知识时，孩子通过体验数学家建模的再创造过程，不知不觉会被数学家的思维熏陶，对孩子的数学思维发展和自主探索新知识能力的形成与提升都有很大益处。

其二，创设新情景，联系真实生活，应用已有数学知识分析数量关系和空间形式，经过抽象推理建立数学模型，进而解决各种问题。这种学习方法，是以数学模型为核心来解决问题，对于孩子构建问题链、形成数学知识网络结构有很大帮助，有利于孩子对数学知识的整体理解和掌握，同时也可以加深记忆。小学数学中的四则运算、各种数量关系模型的建立都属于这种学习方法。

如何培养模型思维

以加减法模型、路程模型为例，我们来看看如何带孩子培养数学模型思维。

加法模型。例如，在桌子上摆放一份可数的糖果，不论添加几块糖果，糖果的数量都比原来多了，可以理解为把两部分糖果合起来，一部分是原先摆出的糖果，另一部分是后添加的糖果，合起来的数量比两个部分各自的数量都要多（此时不考虑 0 的情况）。换不同的实物，会发现即使数量不一样，却有着相同的规律。此时，可以总结出基本的数量关系：一个部分量 + 另一个部分量 = 总数。其中，两个部分量叫作加数，总量叫作和。由此构建加法模型：加数 + 加数 = 和。

减法模型。例如，有红、黄两种小棒，将两种合起来是加法模型，即求两种小棒的“和”用加法计算。我们换个问题，从两种颜色的小棒数量和里，去掉红色小棒的数量，就是黄色小棒的数量；去掉黄色小棒的数量，就是红色小棒的数量。可以总结出基本的数量关系：总量－部分量＝另一部分量。由此，可得到减法数学模型：和－一个加数＝另一个加数。

至此，加法模型、减法模型都建立了，同时也突出了加、减法的互逆性。在这里，要提醒家长的是，一定要关注孩子是否用固定语言模式构建加法模型、减法模型。例如，用“一共”构建加法模型，用“还剩”构建减法模型。等孩子升入中高年级后，大概率会出现应用题列式问题。解决的办法是，变化一些加、减法的提问方式和语言，孩子就不会因为固化的提问方式而出现模型构建错误。

加法可以这样问：一个空盒子里，先放进 2 个球，又放进 3 个球。这时，盒子里有几个球？

减法可以这样问：笔袋里有 10 支笔。其中，铅笔有 6 支，其余的是签字笔。签字笔有多少支？

这两个提问中，都没有出现“一共”和“还剩”，但也是加、减法的应用题。总之，一定要突破固有模式，让孩子真正掌握加法模型、减法模型的核心。

路程模型。和路程模型相关的有路程、速度、时间的概念和与它们相关的数量关系式。在概念模型的建立中，速度是难点，因为速度是个复合量，有时还容易和路程概念相混淆。许多孩子会认为，路程一定比速度大，在没学习分数、小数前，这种认识还不易被发现。但学习了分数、小数后，就出现了路程比速度小的情况了。因此，在学习速度概念时，一定要强调速度是单位时间的路程，也可以说，是特定时间的路程。建立路程、时间、速度三量关系模型时，可以借助乘除法模型：把速度看作一份数，把时间看作一份数，把路程看作总数。

数学建模非常重要。生活中的数学问题，主要通过各种数学模型进行解决。所以，重视孩子数学建模的过程和结果，对于提升孩子应用数学的能力有很大帮助。

与模型思维相关的代数与方程思维

代数与方程思维涉及的知识点主要有用字母表示数、代数式、等式、方程等。需要在掌握好这些知识点的基础上，建立代数与方程思维。

数学家用字母表示数是为了使数学的表达和应用具有简洁性、规律性和普适性，用字母表示的数与其他具体数一样，能够参与运算，满足所有运算律、运算性质和运算法则。

一些数和表示数的字母，通过四则运算符号组成的式子称为代数式。

用字母表示数和数量规律等，可以从自然数逐步扩充到分数、小数、有理数等，终将所有数一网打尽。

由代数式组成的相等关系的式子，就是等式。这些等式构成了各种数量关系，包括各种公式、比例、方程等。含有未知数的等式是方程。

家长该如何帮助孩子建立代数与方程思维呢?

其一，帮助孩子很好地完成由算术到代数的思维飞跃。小学阶段的孩子，以形象思维为主，而代数和方程比较抽象概括，孩子不好理解，内心有所抗拒。因此，由算术到代数的飞跃是有一定难度的。很多孩子虽然接触了代数和初步的方程知识，但并不意味着建立了代数与方程思维。突破这一点，先要让孩子感受到用字母表示数的意义。一定要让孩子充分认识到一个字母表示的不只是一个数，而是一类数。例如，用数字 10 表示小红的年龄和用字母 a 表示小红的年龄的区别是：数字 10 只能表示小红的一个年龄，不能表示小红的所有年龄；而字母 a 却可以表示小红的所有年龄，突出用字母表示数的简约和概括性。可以多举一些这样的例子，帮助孩子建立字母与数之间一对多的概念。还可以通过更加形象的方式来理解，让孩子把小红所有的年龄都写出来，孩子兴奋地写出很多数的时候，会发现很麻烦并且不知道写到哪里为止，这时对比用字母表示，能更加突出用字母表示数的必要和优势。理解和认可了用字母表示数，继续理解代数式就顺理成章了。例如，用 $m \div 3$ 表示把 m 个桃子平均放到 3 个盘子里，每个盘子放多少个。这个代数式表示了字母 m 和数 3 之间的关系和这种关系的结果。

方程思维的核心是将问题中的未知量用字母表示，根据数量之间的相等关系构建方程模型。用方程解决问题，需要孩子完成未知量可以看作已知量参与运算的思维突破，这和之前只能用已知量进行运算有很大不同。另外，用方程思维解决问题，重点是找等量关系，这和之前由已知到未知解决问题的思维也不同，需要进行思维突破。这两点突破了，孩子的头脑中就有了代数与方程思维的雏形。

其二，在小学阶段帮助孩子掌握解方程和列方程解决问题的正确方法，为初中继续学习打好基础。解方程的方法依据是等式的性质。有的老师和家长觉得教材中的方法有些麻烦，就直接用移项法则解方程了。对于个别抽象思维发展较好的孩子，这样做也未尝不可，但对于大多数孩子建议还是按照教材要求的方法解方程比较好。貌似书写比较麻烦，但是从思维角度看，并不麻烦。以等式的性质为依据，孩子比较好理解。其实，移项法则也是由等式的性质推演的。在对等式的性质没有很好掌握和熟练应用的情况下，盲目使用移项法则解方程，从思维角度看弊大于利。

较复杂的方程的解法是解方程的难点，下面举例说明解法。

【例】 $3x+4x=70$

这类题目，一定要让孩子理解 $3x$ 和 $4x$ 的含义，根据乘法意义理解 $3x=x+x+x$，$4x=x+x+x+x$，合起来自然是 $7x$，如果孩子不理解，则很容易出错。经常有孩子把 $3x+4$ 和 $3x+4x$ 搞混，而从代数式的意义角度来理解就不容易混淆了。

【例】 $2(x+3)=8$

解法一，将 $x+3$ 看作一个整体或者用字母 y 代替 $x+3$，根据等式的性质解出 $x+3=4$，再解 x 就不难了。

解法二，利用乘法分配律将 $2(x+3)$ 变形为 $2x+6$，然后再解出 x 即可。

其三，应用方程思维列方程解应用题。对于小学生来说，列方程解应用题是一种全新的解决问题的思维方法，相较之前的算术解法，思维方法有很大不同：核心一是弄清题目中的数量关系，这一点与算术解法相同；核心二是找出等量关系；核心三是在等量关系中未知数参加运算，如果未知数不参加运算，从思维角度看，就是算术思维，不是方程思维。核心二和核心三与算术解法不同。

【例】 参加美术小组活动的有 27 人，比参加舞蹈小组活动人数的 2 倍少 1 人，有多少人参加舞蹈小组？

这道题中核心的数量关系是美术小组人数和舞蹈小组人数的 2 倍比较，差是 1。等量关系式有：舞蹈人数 ×2−1 人 =27 人；舞蹈组人数 ×2= 美术组人数 +1 人；舞蹈组人数 ×2− 美术组人数 =1 人。其中，舞蹈组人数是未知量，却当作已知量参与了运算。这是方程思维的核心，已知量和未知量既对立又统一。

对于小学生而言，代数与方程思维有一定难度，但又很重要。家长要尽可能帮助孩子完美地完成这次从算术到代数的思维飞跃。

MATH

06

用对方法，每个孩子都有成为数学“学霸”的可能

习惯性数学错误可以通过刻意练习来纠正

有相当一部分家长苦恼于孩子在学习数学的过程中经常犯一些习惯性错误，以致影响数学学习效果。家长因此焦虑和着急，苦于问题得不到彻底解决。悲观的家长认为，孩子习惯性错误是不能被彻底纠正的，只能听之任之。乐天派的家长认为，不用干预，随着孩子年龄增长，一些错误就不会再犯了，慢慢等待即可。

上述两种观点中的第一种观点肯定是不对的，孩子犯了错误，甚至成为习惯性错误，都是因为一些不正确的行为造成的，纠正孩子的错误行为，习惯性错误也会随之改变。第二种观点认为，把“纠正”交给孩子的成长，认为很多错误和孩子的发育不完全有关，表面上看好像有一定道理，但是深入探讨也是站不住脚的，孩子的习惯性错误如果不及时进行纠正，就会不断重复，不断得到巩固复习，最后会造成习惯成自然的后果。

我在教学实践中发现，孩子的习惯性数学错误，通过刻意的专项练习，是肯定能得到纠正的。实践中，进行刻意练习的孩子，都无一例外纠正了错误。反之，不进行刻意练习纠正的错误，并没有得到纠正，而且随着年龄增长，错误印象会更加深刻，纠正起来难度会更大。有些孩子三年级发现的错误，不加以重视，不及时纠正，拖到六年级毕业也没得到解决，等到上初中将是一件很可怕的事情。

孩子的习惯性错误都有哪些呢？例如，抄错数或者抄反数、读题审题问题、单位换算问题、计算中的进位和退位问题、和估算相关的问题、答题问题、打草稿问题、格式书写问题、检查问题、考试技巧问题，等等。

造成这些错误的具体原因是什么？该如何纠正呢？

首先，因为孩子专注力问题造成的习惯性错误。孩子年龄小，专注力不够，会造成一些习惯性错误。例如，抄错数或者抄反数的问题。这是一个比较普遍的问题。这个问题和孩子的专注力有很大关系，通过刻意练习是可以纠正的。我的学生中出现过这样问题的孩子不在少数，即便是数学成绩比较好的孩子，也出现过抄错数或者抄反数的情况。我给家长的建议就是持续一段时间的刻意练习，当然，这些孩子都纠正了这个错误。刻意练习的方法很简单，每天抽出 20 分钟的时间，让孩子练习抄数。可以从两位数开始，因为孩子把两位数抄反的情况比较多见。刻意练习时，孩子是专注的，所以不容易抄错。家长可以写一些数，让孩子抄。也可以让孩子从试卷和练习册中挑出数来抄。大多数孩子训练一个月左右的时间，就能做到只要遇到抄数的情况，就能有意识地多加注意，也就不会抄反数或者抄错数了。并且，有些孩子知道自己容易抄错数，会多留意，时间久了，这个问题自然就解决了。

其次，因为不好的学习习惯造成的习惯性错误。有些孩子对一些数学细节问题不够重视、不认真对待，从而养成了不良习惯，造成习惯性错误。对这类问题，家长需要严肃对待，务必加以纠正。例如，读题和审题问题造成的错误，多数情况都是因为孩子没有认真读题造成的。解决这个问题最好的办法，就是刻意训练读题和审题。目前来看，这是切实可行且效果显著的办法。读题时一定要让孩子出声朗读，而且要把内容读全，包括题目要求、正文和括号里的内容。审题时需要对题目的重点进行标注等。再如答题问题，也是孩子不认真造成的。有很多孩子为了偷懒，答题时只是把表示结果的数写上了，一个文字都不写。有这种情况的孩子，家长要带着孩子进行刻意训练。

最后，因为书写过程不规范造成的习惯性错误。有些错误是因为孩子书写过程不规范造成的。例如，竖式计算的错误，有可能是因为竖式书写不规范造成的。进位加法竖式应该先写进位，再写下一位的数字。退位减法竖式，应该先写退位点，再计算。反之，就容易出现计算错误。对于这样的错误，要先纠正不规范的写法，然后再进行刻意练习训练。

对于孩子的很多习惯性错误，先找到原因，再进行有针对性的刻意练习，是一定能得到彻底纠正的。

保持学习数学的热情比数学成绩更重要

家长都希望自己的孩子数学成绩优秀，成为数学“学霸”，这是人之常情，也无可厚非。但这里有个问题，什么才是数学“学霸”呢？只看分数吗？

现实中，有一个很普遍的现象：不论孩子的数学成绩是什么水平，家长总是对孩子不满意，即便有了很大进步，家长往往表达的也是“你为什么不能做得更好？”作为一线数学教师，看到过很多这样的场景：孩子学习进步了，考试得了 80 多分，家长却说：“你怎么没得 90 分呢？”孩子得了 90 分，家长会说：“你应该得 100 分。”当孩子得了 100 分，家长又会要求孩子次次考试都得 100 分，只要有一次没得 100 分，就会严厉批评孩子。总之，孩子无论怎么努力，取得了多大进步，都得不到家长的认可。

家长的要求水涨船高，让孩子总是够不着。当然，并不是所有家长都这样。但是，有相当一部分家长确实是这样的，给孩子的数学学习造成了负面影响。其中，最严重的负面影响是打击了孩子学习数学的热情，把孩子的数学学习兴趣扼杀在摇篮里了。孩子一旦失去了学习数学的热情，即便目前数学成绩还很好，数学之路也不会走长久了；即便被家长逼迫走下去，也会走得很艰难，一旦有机会，孩子就会放弃。因为学习数学给孩子带来的不是快乐和价值观，而是不被认可的痛苦和无奈，孩子一旦有机会就会逃离。

我想对这些家长说，数学成绩固然重要，而让孩子保持学习数学的热情更重要。一旦孩子对学习数学这件事情有了持续的热情，学好数学只是时间的问题。不只是数学成绩优秀，而且同时拥有对数学持续不减的、饱满的热情，对数学问题或者难题具有不懈的勇于探索的精神，才能称为真正的数学“学霸”。

什么才是孩子学习数学、探索数学的内在驱动力呢？就是对数学的热情或者说热爱。有一种说法，教育的终极目标是情感和语言，这是有一定道理的。只要保持对数学的热情，孩子因为内驱力，就会不用扬鞭自奋蹄。这种动力或者说这种热情从哪里来呢？外部来自家长、老师的鼓励认可及同伴的欣赏，内部来自学习数学带来的成就感，以及对数学本身的兴趣。在多数情况下，内部的动力系统启动得益于外部积极刺激。

无论孩子目前的数学成绩如何，即便很差，只要孩子对数学没有心灰意冷，拥有学习数学的热情，改变现状还是有很大可能的。我经常和数学成绩不好的孩子说：“今天你的数学怎么样，不能决定未来你的数学怎么样，总有一天，你会佩服你自己，你会成功逆袭成为数学‘学霸’。”在我的鼓励和帮助下，成功逆袭的学生太多了。举一个小女孩的例子。她的语文、英语成绩都比较好，数学成绩却一般。到了小学四年级，能明显感觉到她学习数学越来越吃力，成绩也持续下滑。她的这种现象，也是一部分女孩子的普遍现象，文科成绩优秀，数学成绩一般甚至比较差，对数学没信心、不喜欢、逃避，最后被定性为不是学数学的料儿，只有文科脑，没有理科脑。一个小孩子，过早地被定义为不适合学数学，太悲哀了！在这种情况下，我和家长分析了她的学习情况，找到了造成这种问题的本质原因：一是没有学习数学的信心和热情；二是学习方法不对。孩子没有信心和热情，也是被家长打击的，为了让她很快拥有自信和热情，我给予了充分的鼓励和认可，让她看到自己的优势，对自己的未来充满期待。其实，只要孩子有信心和热情，学习方法的问题就好解决了。在我的帮助下，孩子的学习方法很快得到了调整。数学成绩逐步提高，一路高歌，小学毕业考试时数学还得了满分。这个成绩给了她很大鼓励，之后，她进入了中考成绩在全市排名第一的初中，数学成绩也一直是班级第一。我经常接到她妈妈的报喜。家长会上，她经常得到数学老师的表扬。她妈妈说，原来孩子的语文和英语比数学好多了，现在反过来了，数学比语文、英语成绩好，孩子最喜欢的学科也变成了数学。最后，这个孩子考取了一所“985”大学的理科专业。还有一个小男孩，是中途转到我班的，刚转来时，对数学的讨厌程度达到了极致，不能听到“数学”两个字，听到了就会情绪失控。上数学课也不打开数学书。经了解，孩子之所以成为这个样子，是因为受到家长和原来的数学老师的共同打击。我对他给予了耐心鼓励和帮助，孩子慢慢改变了，最后成功逆袭，考上了美国某知名大学的数学专业。

上述实例说明，孩子拥有学习数学的热情多么重要。家长和老师一定要用发展的眼光看待孩子的数学学习，每个孩子学好数学，都是未来可期的，就看我们当下怎么做了。

家长切记，无论孩子表现怎么样，该批评就批评，但是要注意，无论怎么批评，都不要打击孩子的热情，批评后一定是鼓励和给希望、给认可、给愿景。这样，孩子才不会失去学习数学的热情。请坚信，只要孩子还有热情，这个热情就会像星星之火可以燎原。孩子只要内驱力不断得到加强，家长和老师的帮助和要求才能真正起到作用。家长们，行动起来吧！从这一刻起，将孩子学习数学的热情重新点燃或者加一把火，孩子的数学成绩可能是你意想不到的。

把美好预期传递给孩子

孩子目前的数学表现不尽相同，各有千秋，也各有各的问题。有上课不专心听讲，成绩落后的；有上课只听讲，但是不敢回答问题的；有在数学课堂上表现不错，但回家完成作业磨蹭拖沓的；有遇到新题、难题不爱动脑筋，依赖家长的；有看似平时学得还不错，但是数学成绩不理想的；有对难题感兴趣，对简单题目不重视，导致成绩不稳定的；有空间想象能力比较弱，遇到图形相关的题目就发愁的……如此众多各异的表现，让很多家长对孩子数学的现状很是担忧，从而不看好孩子未来的数学之路，甚至当着孩子的面唱衰孩子未来的数学学习。

我想说，不论孩子目前的数学表现如何，家长一定要对孩子的数学学习有一个美好的预期，并把这种预期不断地传达给孩子。如果能够让孩子的数学老师也给孩子传达同样的预期，效果就更好了。

为什么要这样做呢？

小学阶段的孩子，未来太可期了。很多孩子还处于贪玩、不懂事的阶段，孩子学习数学过程中出现各种各样的问题，是很正常的现象，没必要大惊小怪的。不能因为孩子目前的数学表现没有达到自己的要求，就否定孩子。有些家长因为孩子数学成绩差，就过早下定义——孩子不是学数学的料儿，对孩子的数学学习采取放任自流的态度，这样做太不可取了。因为数学不好，被家长放弃，孩子会在幼小的心灵里留下阴影，慢慢形成自我否定的心理。一旦在成长过程中遇到困难，他们便会轻易放弃，这样会让生活变得很艰难，最终导致一事无成。我做了一辈子数学老师，曾遇到过这样的家长，以致孩子的数学之路夭折，真是可惜！在我眼中，这些孩子未来都是很好的学数学的料儿。

有相当数量的小男孩聪明却淘气，不好好学习，不好管，让家长、老师很是头疼。其实，这样的孩子学习数学并不吃力，只要辅助他们，保持数学学得不太差，等待他们长大、知道该努力了，成绩会很快赶上来，数学学习上定会获得优秀。这样的例子有很多。我班有一个小男孩，非常淘气，上课玩东西，下课和同学动手动脚，班里的每一个孩子几乎都被他“欺负”过，班主任经常批评他，可是他不仅不改正，还变本加厉。他的家长多次被请到学校，他们因此觉得自己的孩子完了，长大要成为小混混了。我的数学课上，他也是玩东西，数学作业写得脏乱差，但是我发现即便是这样，他的数学成绩也还能及格。我把他请到办公室，对他说：“把你叫来是为了表扬你。”他很吃惊，但是马上挺起胸膛等着我的表扬。我对他说：“我发现你是块学数学的料儿，长大学理科没问题，说不定能成为一个理科人才。就你在数学课堂上的表现，换一个人早就不及格了，能得 20 分就不错了，可是你却次次考试都能及格，说明你的数学潜力很大。

以后，你把多余的精力放到数学上吧，别再瞎闹了。”

后来我让他先当数学小组组长，再当数学科代表。三年级下学期，他开始改变。在那个年代，小升初是考试入学，六年级时他如愿考上了市级示范初中，后来又考入了市级示范高中，最后还考上了重点大学。大学期间，别人都玩儿，他却抓紧考各种证书，全面发展，和小时候的小淘气完全是两个人。工作以后，由于表现出色很快升职，成了总会计师。他妈妈总是感谢我挽救了孩子，她的口头禅是：“张老师，要不是您当初看好孩子，帮助他，现在孩子是什么样，我都不敢想，想起来都后怕。”她妈妈的后怕一点都没错，试想，一个八九岁的小孩子，就因为淘气、学习成绩差，被不断打压和否定，最后甚至被放弃，对孩子是多么残酷的事情，也违背了我们培养人才的初衷。孩子要是能自然成才，那教育还有存在的意义吗？教育者的使命就是要化腐朽为神奇，把每个孩子都领上成才之路。

有些女孩子，小学中、低年级时，因为比男孩子早懂事、听话，数学成绩比较好，并且成绩稳定。而到了小学高年级，学习数学时会遇到各种各样的困难，面对这种情况，家长们会着急，辅导孩子时，可能经常否定孩子的智商，说孩子笨、反应慢等。这样说的后果是很严重的，会让小女孩产生很强的自卑心理，甚至出现严重的心理问题。对待懂事的女孩子还是温柔点比较好。女孩子要面子，内心也希望学好数学，只不过是学习数学时遇到了困难。这种困难，大多数都和学习方法有关。因为从小孩子听话，比较好教，小学低年级的数学，大部分都是家长辅导的，所讲的知识不一定有错，但是传授知识的过程和方式却存在很大问题。从小学低年级的数学成绩可能看不出问题，到了中高年级，知识难度和密度变大，方式方法不对，就会出现理解问题。遇到这种情况，家长不要怪孩子，要反思自己的辅导方式是否有问题。孩子越是遇到困难，家长越要给孩子打气，让孩子对学习数学充满希望。我班上这样的女孩子太多了，每每升到小学四五年级，都会出现一批这样的女孩子。在我的耐心指导下，她们顺利渡过了难关，后来发展也都很好。而且，孩子经过努力，克服了困难，变得越来越自信阳光。

一个个实例说明，也许孩子目前的数学学得不好，家长一定要相信这只是暂时的，孩子都有学好数学的潜质。大多数孩子的智商都差不多，数学成绩差的孩子不一定比数学成绩好的孩子学习数学潜质差，关键是如何开发、教育和引导。教育是一件很神奇的事情，做好了，真的能让所谓的“铁树”开花。

无论如何，都不要放弃孩子的数学，不放弃学好数学的希望。

犯错和吃苦是智力发展的最佳时机

纵观多年教学实践，所有孩子在学习数学的过程中，都会出现大大小小、各种各样的错误，数学优秀生也不例外。最常见的是做错题，还有学习态度、学习方法、学习习惯等方面的问题。

很多家长都希望孩子在学习数学时各方面表现都不错，能够一帆风顺地完成数学学业。只能说家长的理想很“丰满”，但现实很“骨感”。没有一个孩子学习数学的道路是完全一帆风顺的，都会在某一道题或者某一类题目上犯错，还会在某一阶段或者某一部分的知识学习时遇到困难。家长应该从正、反两个方面客观看待孩子犯错和吃苦这两个问题。从反面看我就不赘述了。从正面来看，犯错和吃苦恰好是帮助孩子提高数学能力和促进智力发展的最佳时机。为什么这样说呢？

错误能暴露数学学习的深层问题

在错误中学习是真正的因材施教，能促进个体智力发展。每个孩子都是独立的个体，同样的老师讲同样的数学知识，孩子们的理解不尽相同。因为孩子们来自不同的家庭，成长经历和成长环境等因素的不同造成了孩子们之间的个体差异，导致孩子们对数学的理解出现差异化，有对的，有错的，错误的表现形式不同等现象是非常正常的。错题其实可以诊断孩子需要在哪些方面进行调整和提高。从这个角度来说，错误就是学习的起点，也是数学能力和智力发展的最佳时机。如有的孩子经常出现抄错数或者抄反数的现象，反映了孩子的感统失调问题。这也是一个智力发展问题，因为视觉和行为是智力的内容，通过刻意专项练习，便能解决这个问题，同时也训练了孩子的感统协调能力，进而促进智力发展。再如孩子学完就忘、记不住的问题，排除学习态度的原因，还有记忆力发展滞后的因素。此时家长如果根据记忆规律，帮助孩子探索好的记忆方法，训练孩子快速记忆并使记忆牢固，就会让孩子的记忆力得到锻炼和发展，因为记忆是非常重要的智力活动。有些孩子经常犯理解题意不正确或者解题思路不流畅、不清晰等错误，排除不认真的情况，深层次的原因是孩子的数学认知出现了问题，要从孩子如何认知数学入手，帮助孩子正确感知和理解数学。提升孩子的数学认知，可以促进孩子的智力发展，因为认知是非常重要的智力操作。还有些孩子在书写数学应用题解答过程时，总是出现前后顺序颠倒或步骤不全面或表达不准确等问题，这些问题除了表面上的习惯问题，深层次的原因还和孩子的数学语言表达有关。数学语言以符号为主。孩子学会用数学语言正确表达解题思路，能促进智力发展，因为符号同样是非常重要的智力操作。

不仅要肯吃苦，还要会吃苦

苦过之后尝到的甘甜不仅有数学成绩的提高，还有数学能力的提高和智力的发展。学习数学确实需要吃苦，不吃苦就没有实实在在的收获。这里要特别说明的是，吃苦不是盲目刷题、疲劳战术。这样的做法，不仅效果不好，还会让孩子产生逆反心理，对孩子的智力发展产生抑制作用。

孩子学数学时该吃哪些苦呢

首先，要吃纠正错误的苦。每一道错题都不能放过，要深挖错误原因，最好是孩子和家长共同探讨。孩子要回顾当初做错题时的想法，如果想不起来，家长可以猜测一些可能的情况让孩子回忆，实在不行也可以让孩子的数学老师帮忙诊断一下。找准错误原因是非常重要的，因为这决定了吃苦的方向和内容，也决定了吃苦能否取得正向的回报。正向的回报是孩子愿意持续吃苦的动力。我在日常教学中，对待孩子的错题会反复和孩子探讨，不轻易下结论。反复推敲，找准原因，有的放矢，纠错的效果更显著，回报率更高。例如，发现孩子是某个知识点掌握不好而造成的错题，就让孩子练习和这个知识点相关的题目，并同时引导孩子应该从哪些角度理解数学知识，让孩子了解自己在哪个地方出现了理解偏差或者存在局限，通过对一道错题的深入分析和及时纠错，达到帮助孩子调整思维偏差、促进智力发展的目的。

其次，要吃提升思维能力的苦。数学思维能力非常重要，发散思维和辐合思维能力的培养对孩子的智力发展至关重要。数学上的发散思维训练形式和方法大致有：一题多答（多种答案）、一答多解（一个答案，多种解题方法）、多答多解（多种答案，多种解题方法）、一题多问（同样的条件下，提出不同的问题）。家长可以选择适合做发散思维训练的题目，要求孩子不能只满足于单一的答案、单一的解法和单一的提问，要让孩子学会吃“头脑风暴”的苦，从不同角度全方位思考，让思维多长出几个“触角”。这样的训练不仅对学习数学和发展智力非常重要，对孩子以后解决生活和工作中的问题也有极大帮助。这个苦是必须吃的，多做些这样的题目，可以有多方面的收获。辐合思维训练是在训练发散性思维的同时，对多种解法进行比较和分析，选择解答不同题目的最佳方法。发散思维和辐合思维是对立统一的，同时训练效果最佳。

最后，要吃拓宽数学见识的苦。虽然我们不进行题海战术的训练，但是让孩子多见识不同的题型，从不同角度加深对概念的认识是非常必要的。所以，家长可以让孩子多浏览数学题目，筛选出新题型，进行自主学习，从而拓宽孩子的思维宽度和深度。

家长不要害怕孩子在数学上犯错，要抓住孩子犯错这个最佳的时机，利用孩子的错误提高孩子的数学能力，发展孩子的智力。要让孩子吃数学的苦，但不能盲目吃苦、傻吃苦，而要吃有价值的，能提高孩子数学能力、发展孩子智力的苦。

发现问题、提出问题比解决问题更重要

家长们都很关注孩子解决数学问题的能力，而少有人关注孩子发现问题和提出问题的能力。孩子解决问题的能力是重要的，但是也不要忽视孩子发现问题和提出问题的能力。可以说，发现问题和提出问题更重要。解决问题的前提是有人发现问题并提出问题，这也是创新创造的开端和起点。培养创新和创造思维既是数学学习的最高级目标，也是人工智能新时代孩子必备的思维能力。要想思维具有创新性，先要具备发现问题和提出问题的能力。

该如何通过数学学习，培养孩子发现问题和提出问题的能力呢？

通过观察发现并提出问题

很多问题都是通过直接观察发现的，可以给孩子提供丰富的可观察的材料，便于孩子发现并提出问题，如可以给孩子提供一些图形（见图 21）。

让孩子仔细观察，然后提问：你发现了什么？孩子会说出很多发现的问题。例如，发现所有图形的边都是直的；发现图形有的封口了，有的没封口；等等。孩子可能提出：每个图形都有名字吗？可以怎么分类呢？可以计算图形的长度吗？等等。还可以对每个问题进行探索，看看能得出什么结论，可以让孩子自己通过查阅资料，了解数学家的研究成果，再对照自己的探索成果反思总结等。

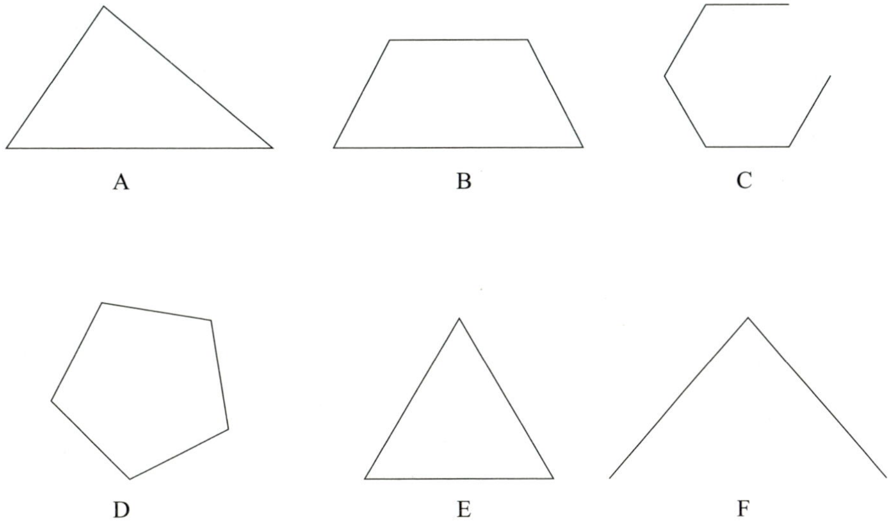

图 21

通过动手操作发现并提出问题

动手操作，是学习数学知识的有效手段之一。给孩子提供可操作的学具，便于孩子在操作过程中发现并提出问题。例如，给孩子 9 厘米长度的小棒 9 根，4 厘米长度的小棒 3 根，5 厘米长度的小棒 6 根，6 厘米长度的小棒 4 根，10 厘米长度的小棒 5 根，让孩子动手操作，用这些小棒搭出长方体。然后，问孩子：在操作过程中你能发现什么？孩子会有很多发现：有的长度的小棒不够用，有的长度的小棒用不完，有的长度的小棒正好用完，这些小棒可以搭出不同形状的长方体等。根据孩子发现的问题，进一步提出可以研究的问题：需要多少根小棒可以搭出长方体？这些小棒的长度要满足什么条件？长方体的形状和小棒的长度有关系吗？等等。

通过逆向思维发现并提出问题

例如，在学习商不变的性质时，有一个难点问题，就是商不变而余数变不变的问题，这个问题可以设计成孩子自我发现并提出问题的方式进行学习。可以让孩子探索：（1）因为 12÷3=4，所以 1.2÷0.3=4，对吗？为什么？（2）因为 13÷3=4……1，所以 1.3÷0.3=4……1 对吗？为什么？孩子会发现，第一组是对的，因为符合商不变的性质。而第二组，孩子可以通过逆向思维，用除数 × 商 + 余数发现是错误的。这时可以提出问题：商不变的性质研究的是商不变的问题，那么余数会变吗？会怎样变？如何确定正确的余数呢？

通过反面思考发现并提出问题

例如，学习和认识了商不变的性质后，孩子如果有反面思考的能力，就可以发现，商不变的性质，只概括了商在什么情况下不变，并没有说商在什么情况下会变。发现了这个问题，孩子自然就可以提出问题：商在什么情况下会发生变化？有没有变化规律？等等。

通过试误发现并提出问题

其实，很多问题都是在错误中被发现的。让孩子通过试误发现并提出问题，也是一种很好的方法。例如，学习了比的基本性质后，可以给孩子出这样一道题：5 ∶ 9，如果前项加 10，要保证比值不变，后项应该加几呢？孩子的第一反应很有可能是错的，他可能认为后项也加 10。这时可以让孩子算一算比值，看看能发现什么，孩子很快会发现后项加 10 是错的。可以继续提出问题：前项加 10，后项也加 10，为什么是错的？后项应该加几才是对的呢？

通过比较发现并提出问题

例如，给孩子一些三角形学习材料，其中包括不同类型的三角形，让孩子通过测量写出每个三角形三个内角的度数，通过对不同三角形内角度数的比较可以发现，三角形的内角度数虽然不相同，但仔细比较，也有相同的特征。这时可以提出问题：三角形的内角有哪几种情况呢？可以分成几类呢？等等。

家长务必在孩子学习数学的过程中，重视培养孩子发现并提出问题的能力。相较于孩子解决问题能力的培养，发现并提出问题的能力培养一直被忽视。家长务必要认识到，解决问题的能力固然重要，而发现并提出问题的能力更重要。

家长做对五件事，孩子学好数学就不难

当提起孩子的数学学习时，很多家长提出的共同问题是：我该怎么做，才能真正帮助孩子把数学学好呢？我能感受到家长内心的迷茫：做多了，怕孩子产生依赖；做少了，又怕孩子学习跟不上……这无尽的内心纠结，困扰着很多家长。其实，在孩子学习数学的过程中，是需要家长适当参与的。有些事情由家长来做，比数学老师更便利，效果也更好。

家长只要做对五件事，就能真正帮助孩子把数学学好。

第一件事，帮助孩子从小养成学习数学的好习惯

学习习惯这件事，是一个需要长期培养的过程。而培养孩子良好的学习习惯这件事情，家长是最佳人选。培养孩子良好的学习习惯的最佳时间是小学一二年级。这个时期，孩子的数学学习内容相对简单，有充分的时间培养孩子的学习习惯。如果小学低年级没有养成良好的学习习惯，升入

中高年级以后再纠正和调整就很困难了。

有些家长在小学低年级阶段只关注孩子的数学成绩是非常错误的，因为小学低年级知识比较简单，孩子取得好成绩很容易，学习习惯问题会被所谓的好成绩所掩盖。等到孩子升入中高年级后再纠正学习习惯就有些困难了，已经错过了最佳时机。当然，升入中高年级以后调整和纠正习惯也是可以的，只要家长有恒心、有耐心，持之以恒，孩子的好习惯也是可以养成的，只不过难度比较大，需要家长付出更多。

该培养孩子哪些良好的学习数学的习惯呢？例如，一字一句读题的习惯；每天练习口算的习惯；认真书写数字的习惯；专注写数学作业的习惯；先复习再写数学作业的习惯；先改错题再写数学作业的习惯；做完数学作业要检查的习惯；每天和家长聊聊与数学有关的事情的习惯；等等。

第二件事，配合老师训练孩子的计算技能

计算是数学学习的重要内容。数学老师在课上的主要任务是帮孩子理解算理和掌握算法，而只明白算理和算法是不够的，因为计算也是一种技能，而技能的形成是需要必要的练习和训练的，学校的数学课时有限，班级中的孩子也比较多，数学老师是很难完成对每一个孩子的计算训练的，这件事情由家长做是比较好的。孩子明白了算理，掌握了算法，剩下的就是如何熟练准确计算的问题了，家长只需要督促和检查即可。这种训练需要每天持续小量进行，所以，完成这件事情，家长是最佳人选，同时难度很低，也不会给家长增添太多麻烦。

第三件事，经常督促和检查孩子记忆重要的数学概念、公式等

数学也需要必要的记忆，尤其是重要的概念、性质、公式等。帮助孩子清晰准确地记忆重要的数学知识是需要家长做的一件重要事情。家长要关注孩子每天学习数学的进度和内容，如果当天的学习有需要记忆的内容，最好当天要求孩子记忆下来。同时，在及时记忆的前提下，还要根据艾宾浩斯遗忘曲线经常督促孩子记忆并检查。长此以往，孩子对数学概念能清晰准确的记忆，对解决数学问题、提高数学成绩有很大帮助。

第四件事，关注孩子的数学学习情况，引导孩子反思存在的问题，并积累错题、分析错因

每个孩子的数学学习，都需要有一个针对自身问题的个性化学习环节。数学老师在课堂上完成的是一般化教学，而对每个孩子进行个性化教学，从客观上讲数学老师很难做到。

孩子的个性化学习需要家长帮助完成。建议家长给孩子备一个错题本，让孩子记录错题和错误原因，同时和孩子共同商讨如何做到不再犯同样的错误，引导孩子反思数学学习中存在的问题，并记录在错题本上，把改进计划和方法也记录在本上。尝试改进后，也可以讨论改进效果，根据效果再调整改进方案。

第五件事，和孩子的数学老师保持有效的沟通和交流

家长们都知道，孩子的上课表现直接影响到孩子的学习效果和学习成绩，而要掌握孩子在校的学习情况，就需要和数学老师进行交流。该如何和数学老师进行有效交流呢？最好不要在数学老师没有思想准备的情况下，贸然问数学老师孩子的数学表现，因为老师如果没有刻意关注你的孩子，反馈给你的信息也许不准确。大多数情况下，老师只是凭大致印象给你回答。如果你先拜托老师关注一下孩子的上课表现，一星期以后再问老师孩子的上课表现，这时得到的信息就比较准确了。负责任的老师，在收到你的个别关注信息后，就会全面关注你的孩子，发现了问题，也会及时纠正。和数学老师保持适度的联系，就能得到数学老师对孩子的个别关注。另外，孩子在家的学习情况也可以及时反馈给数学老师，不要只交流孩子的不足，要更多地反馈孩子的进步和好的表现，并争取得到数学老师在全班对孩子给予表扬，这样也就获得了数学老师对孩子家庭表现的关注。孩子发现在家里表现好，数学老师也知道，还会得到他的表扬，以后会在家里表现得更好，最终你将会收获一个“别人家孩子”呢。

总之，一定要让家长和数学老师的交流形成良性循环，让孩子感受到家长能随时了解自己在学校的情况，老师也能随时了解自己在家里的情况，对孩子形成他律的合力。孩子经常得到表扬和鼓励，其学习数学的动力会越来越足，也更愿意与家长和老师经常交流。

家长如果能认真做好上面的五件事，相信孩子学好数学不是难事。